孟子字义疏证

全译

冒怀辛 译注

巴蜀书社

图书在版编目（CIP）数据

孟子字义疏证全译／冒怀辛译注. -- 成都：巴蜀书社，2025.4
ISBN 978-7-5531-2165-9

Ⅰ.①孟… Ⅱ.①冒… Ⅲ.①《孟子》-考证 Ⅳ.①B222.53

中国国家版本馆CIP数据核字（2024）第024540号

MENGZI ZIYI SHUZHENG QUANYI
孟子字义疏证全译

冒怀辛　译注

责任编辑	张琳婉
责任印制	田东洋　谷雨婷
封面设计	王　琪
出版发行	巴蜀书社
	四川省成都市锦江区三色路238号新华之星A座36楼
	邮编：610023
	总编室电话：（028）86361845
	营销中心电话：（028）86361852
制　作	成都完美科技有限责任公司
印　刷	成都蜀通印务有限责任公司
	电话：（028）64715762
版　次	2025年4月第1版
印　次	2025年4月第1次印刷
成品尺寸	140mm×203mm　1/32
印　张	8.75
字　数	230千
书　号	ISBN 978-7-5531-2165-9
定　价	45.00元

本书若出现印装质量问题，请与印刷厂联系调换

第一版编委会

主 编

任继愈

编 委

（按姓氏笔画排序）

方立天	孔　繁	任继愈	牟钟鉴
杜继文	杨宗义	何兆武	余敦康
庞　朴	冒怀辛	段文桂	段志洪
黄　葵	萧萐父	阎　韬	楼宇烈

再版说明

中国古代哲学是中华优秀传统文化的重要组成部分，集中反映了中华民族认识世界、改造世界的过程，体现出中华民族的超群智慧和深厚文化底蕴，在新时代仍具有重要的价值和意义，充满了生机与活力。为积极弘扬中华优秀传统文化，推动中华民族现代文明建设，我们对20世纪90年代我社出版的经典哲学丛书《中国古代哲学名著全译丛书》进行修订再版，以飨读者，也是践行习总书记提出的文化自信的重大举措。

为方便时下读者阅读，本次再版，我们做了如下调整。

（1）对原二十四种哲学名著做了精选，保留其中十八种。

（2）对各译本内容的结构进行了优化调整，将原文、注释和译文分段对应，将原注释及译文部分的脚注放到原文之下，以便更好地发挥注释、译文、脚注等对原文阅读的辅助作用。

（3）为体现时代发展、哲学研究发展、语言发展和新时代文化发展要求，对原版内容中的一些专业提法及语言描述等做与时俱进的优化修改。

本丛书译注者中，任继愈等几位先生虽然已经仙逝，但他们与文字永存。

本次再版，得到李申等几位先生的大力支持。在此，表示衷心感谢。再版工作的不足之处，恳请读者提出宝贵意见，以便本丛书不断臻于完善。

巴蜀书社

2023 年 6 月

原书总序

在国务院古籍出版规划统一方针指导下，我们与巴蜀书社合作，编辑了这套《中国古代哲学名著全译丛书》。

世界各民族不论大小，都对人类文明有所贡献，中华民族有五千年的历史，它对人类文明已经做出过伟大的贡献。伟大的贡献，有赖于民族思想文化的成熟。中国哲学，是中华民族思想文化成熟的标志。

五千年来，中华民族经历了无数的忧患和灾难。但是，忧患和灾难并未使它消沉，反而使它磨炼得更加坚强，在与困难和挫折的斗争中，它发展了、前进了。在前进的过程中，中华民族认识着世界，改造着世界，同时也改变着自身。

中华民族认识世界、改造世界的过程，在中国哲学中得到了集中的反映。其深闳的内容，明睿的智慧，在古代社会，和其他民族相比，都达到了极高的水平。中国哲学，在当时，无愧于自己的时代；在今天，是我们宝贵的文化遗产。随着人类社会的不断前进，随着对历史的深入剖析，中国哲学的内容和它的价值，将日益被更广大的人群所认识、所接受。

中华民族这个伟大的民族，有责任对世界文明做出更多的贡献。我们今天面临的任务，是要创造新的物质文明和新的精神文明，要完成这个历史任务，从中国古代哲学中寻求借鉴，提高广大人民的文化素养，是个必要的途径。

借鉴中国古代哲学，广大读者首先遇到的麻烦，是语言文字的障碍。本丛书的目的，就是为广大读者扫除这个障碍，使得更多的人能从中国古代的哲学著作中得到启迪，锤炼他们的智慧。

汲取前人的文化财富（包括哲学、文学、科学、艺术），都应该直接取自原作，这是不言而喻的道理。事实上，能做到这一点的，总是少数人。所以从古到今，都有一些人在从事翻译工作。有不同文字的互译，也有古籍今译。缺少这个工作，人类创造的精神产品，就不可能成为广大人民的财富。

古文今译，并不是现在才有的。司马迁撰写《史记》，曾把商周的文献典籍译成当时流行的语言，树立了成功的范例，使佶屈聱牙的古代文献，被后世更多的读者所理解。古希腊哲学为后世欧洲哲学的源头，今天的欧洲人（包括今天的雅典人）了解古希腊哲学，很少有人直接阅读古希腊文原著，人们多是通过各自民族的现代译文去了解古希腊哲学，这是学术发展的趋势和方向。

任何译作（古文今译，异国语文互译）都难做到毫不走样。但我们要求本丛书的译文除了对原文忠实外，还要尽力保持原著的神韵风格。这是我们争取的目标，并希望以此和广大读者共勉。

任继愈

ise
戴震与《孟子字义疏证》(代序)

一、戴震的时代与学术文化背景

清代社会，从17世纪初期的动荡到18世纪初期以后渐趋稳定。经过雍、乾两朝的所谓盛世，全国人口从乾隆六年（1741）的1.4亿多，增长到乾隆四十九年（1784）的2.8亿多（《高宗实录》卷一五七及卷一一九五）。生产力提高、人口增加、社会稳定是这一时期的特征。

与此同时，封建社会的弊病继续存在。如"诸路旱荒……野荒民散而新谷不生"（《与徐司空蝶园书》，《方苞集》卷六）是康熙时河北的情况；"岁饥，村民流离转徙多失所"（《沂川王君祠碑》，《戴震集》文集卷十一）是乾隆时山西的情况。此外，"官吏因缘以为奸利"（《与徐蝶园书》，《方苞集》卷六），"以出夫役为名……所过村市索酒食，扰居民，岁敛民间数千金"（《四川布政使司布政使李公墓志铭》，《戴震集》文集卷十二）等对民众的欺压，是全国的普遍现象。可见康乾盛世虽达到时代所容许的繁荣，但当时并非是人们想象的那种完美无瑕的黄金时代。

清王朝为巩固政权而加强专制统治，故整个社会文化趋向歌功颂德，并处于一种呆板的状态。章太炎在《检论·清儒》中说："清世理学之言，竭而无余华。多忌，故诗歌文史桔，愚民，故经世先王之志衰"（《章太炎全集》第三册），这个时期不能产生杰出的思想家是必然的。即使出现智慧和创见的思想火花，如戴名世、全祖望表彰明清之际的民族气节和他们对历史的洞悉等，也只如昙花一现，不能久存。

当时的学风逐渐从阐发思想见解、关心国计民生转变为沉潜圣经贤传、考究文献资料。文人中形成了"僻固而狭陋，视师友之谊……唯投合声气，以为借资"（《黄君武臣圹志铭》，《戴震集》文集卷十二）的习气。这些追逐声气的人在朝廷中互相倾轧，形成朋党。章太炎说"宋、明诸儒多耿介，而清儒多权谲"（《许二魏汤李别录》，《检论》卷四），正说明了这点。

在朝廷的左右下，康熙以来的学术界有以下几个特点：

（一）对历史文献进行大规模的整理。《易经》方面，傅以渐、曹本荣在顺治末年即奉敕撰《易经通注》九卷；康熙御纂《周易折中》二十二卷（实为李光地编著）。《书经》方面，有御定《日讲书经解义》十三卷（康熙十九年），及汇集《集传》以外众说的《钦定书经传说汇纂》二十四卷（康熙敕撰，雍正八年告成）。此外《钦定春秋传说汇纂》三十八卷（康熙三十八年）编入了胡《传》以外的资料。《钦定诗经传说汇纂》二十一卷（康熙末敕撰，雍正五年刻成），附录了朱熹《集传》以外的古义。文学方面，在扬州设局征集文士编成《全唐诗》九百卷（康熙四十五年），又编集《御选历代诗余》一百二十卷（康熙四十六年）。理学方面，编有《御纂性理精义》十二卷（康熙五十四年），《朱子全书》六十六卷（康熙五十二年），等等。至于综合性的《古今图书集成》一万卷，用铜活字印成于雍正四年。《四库全书》七万九千余卷，手抄七部，完成于乾隆四十七年，达到了中国古代史上编纂文献的高峰，反映出当时人才辈出、物阜民丰和社会稳定。

这些御纂或钦定的资料汇编，客观上保存了大量历史文献，其中包括不少专家学者钩沉索引、精心整理的成果。例如许多仅存于《永乐大典》的古籍，都经辑出重印，得以重见于世。戴震所辑《算经十书》和所考正校订的《水经注》便是其中的代表性成果之一。

当时，古籍刊刻整理也形成风气。徐乾学、纳兰成德的《通志堂经解》和朱彝尊的《经义考》都是这一时期的产物。曹溶编集的《学海类编》八百一十卷，涉及经、史、子、集各部。张伯行的《正谊堂全书》是几乎所有宋明道学家著作的汇编。

以上情况说明，由于具备优越的历史条件，无论是朝廷还是民间，都在大力提倡文化。

（二）**极力选拔各方面的人才**。这集中表现在康熙十八年（1679）开设的博学鸿词科。所推选人中有汤斌、施闰章、朱彝尊、毛奇龄、潘耒、吴任臣、冯景、李因笃、陈维崧等。各省推举的有傅山、李颙、王弘撰、应㧑谦、魏禧等，尽管他们多少都因民族思想或其他原因不应征，但整个选拔活动仍未受大的影响。

词科的影响很大，后来雍正十一年（1733）和乾隆元年（1736）都举行了这种形式的特科选拔。当然，统治者的目的是笼络士人，使之入其彀中，但所举的人中有一部分是当时公认的知名学者，也有一部分后来成为历史上的学术大家。他们都是文化史上有卓越贡献的人物。

（三）**提倡朱学以代替衰落的王学**。明代中叶兴起的王学及其流派，对封建正统而言，有一定的异端色彩，而朱学及其传人则基本上是纯粹的正统派。清初政局未定，需要一个维护专制统治的理论，康熙不但组织编纂《御纂性理精义》，而且于康熙五十一年（1711）把朱熹排列在孔门弟子十哲之后。

康熙又曾御试《理学真伪论》，希望大臣和名儒都成为纯正的理学家。虽然这一措施选拔了不少理学名臣，但其中也不乏被当时和后世视为伪君子的人物。可见，朝廷扶植的学术往往没有生命力。章太炎说："中国学术，自下倡之则益善，自上建之则日衰。凡朝廷所阘置，足以干禄，学之则皮傅而止。"(《与王鹤鸣书》,《太炎文录》卷二)这也是康熙提倡理学的写照。

道学自宋明产生,便具有多样性。程、朱、陆、王等人,他们既有极高的学术造诣,又有很高的道德修养。而道学在历代流传的过程中,既产生了一批迂腐无能的书生,又产生了一批苟且营私的假道学家。更有甚者通过讲学,援引门生故旧,各立门户,互相攻讦。

虽然康熙之后的雍、乾两朝吸取经验,严禁朋党,但也不像康熙那样推崇道学。而考据训诂学专攻古代经典,很少接触实际政治,又不讲学,不易形成宗派,所以适逢其会,应运而生。考据学者沉耽于古代文字声韵与车服礼制的考证中,既不议时政,也不立门户、树党羽,这些正符合时主稽古右文的需要。从这个意义上说,可以认为清代考据学是文字狱与专制统治的结果。

然而民间学术有时会超出朝廷所允许的范围。今天,我们仍然能见到一些康、乾时代批判社会黑暗的记载,戴震便是当时批评社会弊病的有力代表之一。

二、《孟子字义疏证》的写作过程

乾隆四十二年(1777)丁酉,戴震去世。他在去世前一月写信给段玉裁说:"仆生平著述最大者为《孟子字义疏证》一书,此正人心之要。今人无论正邪,尽以意见误名之曰理,而祸斯民,故《疏证》不得不作。"(段玉裁《戴东原先生年谱》五十五岁条)

《戴东原先生年谱》(以下简称"《年谱》")乾隆三十七年壬辰五十岁条说:"《孟子字义疏证》原名《绪言》,有壬辰(即乾隆三十七年)菊月写本,程氏易田(指程瑶田)于丙申(即乾隆四十一年)影抄。"乾隆二十八年癸未四十一岁条称:"先生大制作若《原善》上、中、下三篇,……皆癸未以前,癸酉、甲戌以后十年内作也。……记先生尝言:作《原善》首篇成,吃饭亦别有甘味。"乾隆三十一年丙戌四十四岁条又称:"是年玉裁入都会试,见先生云近日做得讲理学一书,谓《孟子字义疏证》也。"《年谱》中曾把《原善》和《孟子字义疏证》(以下简称"《疏证》")二书连在一起并称,五十五岁条说:"先生丁酉(按:即五十五岁时)四月有《答彭进士允初书》。……有此而《原善》《孟子字义疏证》之说愈明。"

从以上几条记录中,可见段玉裁记各书写作时间先后甚详。现再进一步考证《疏证》《绪言》及《原善》三著作在内容上的具体关系。

戴震自己曾说:"余始为《原善》之书三章。惧学者蔽以异趣也,复援据经言疏通证明之,而以三章者分为建首,次成上、中、下卷。……藏之家塾,以待能者发之。"(《原善》卷上，《戴震集》）说明《原善》开初只有上、中、下三篇（约三千字），后又扩充成三卷（约一万二千字）。

对其内容进行比较，发现《原善》三篇与《原善》三卷的关系如下：

1.《原善》卷上第一段与《原善》上篇基本上完全相同，只有个别字句有所更易，如：《原善》上篇"天下之大本"，《原善》卷上改作"天下之大衡"；"归于无妄则圣人之事"改作"同于生生条理则圣人之事"等。

2.《原善》卷上第一段取材于《原善》上篇前半段，而《原善》上篇的后半段又与《法象论》（《戴震集》文集卷八）的下半段基本全同。《原善》上篇前后两段之间有按语说："以下皆见《法象论》，较此为简洁，姑并存之。"这按语可能即是《戴东原集》编者段玉裁写的。

3.《原善》卷上第三段与戴震《读易系辞论性》（《戴震集》文集卷八）基本全同，只有个别字有所更易，如：《读易系辞论性》"天下之至善也"，《原善》卷上改作"天下之懿德也"；"有人物于是有人物之性"改作"有人物而辨其资始曰性"等。

4.《原善》卷中的第一段、第二段包括了《原善》中篇的全部内容，只有个别字句作了删改，如：《原善》中篇的"是故天地之化，效其能曰鬼神"，《原善》卷中改作"是故天地之化，呈其能曰鬼神"；"各如其才"改作"各呈其才"等。

5.《原善》卷中的第四段与《读孟子论性》（《戴震集》

文集卷八）基本全同，只个别文句有更易增删，如：《读孟子论性》"孟子正其外礼义而已"，改为"孟子正其遗礼义而已"；"中正无邪"改为"纯懿中正"等。

6.《原善》卷下的第一段与《原善》下篇基本完全相同，只有个别字句有所改动，如：《原善》下篇"私之在下愚为自暴"，《原善》卷下改为"私之安于自然为自暴"；"蔽之在下愚也为自弃"改为"蔽之不求牖于明为自弃"等。

综上，作一统系图表如下：

《法象论》——《原善》上篇 ⎱ 《原善》卷上
《读易系辞论性》　　　　　 ⎰

《原善》中篇　　⎱ 《原善》卷中
《读孟子论性》　⎰

《原善》下篇——《原善》卷下

又前引段玉裁编《年谱》五十岁条称"《孟子字义疏证》原名《绪言》①"。现在对比《绪言》与《原善》三卷，发现两书的关系如下：

1.《原善》三卷每卷开头都是一段总论，总论以下都是引用一句经典（包括《诗》《书》《易》《礼》及《四书》

---

① 《绪言》一书今只有道光三十年（1904）庚戌粤雅堂丛书本，中华书局以之与《疏证》一书合编，上海古籍出版社以之编入《戴震集》。

等），然后加以阐释、引申、发挥，而《绪言》每卷都是问答体裁。后来根据《绪言》写成的《孟子私淑录》三卷、《疏证》三卷也都是问答体裁。但《疏证》每卷卷首又都恢复了前言一节（即总论）。

2.《绪言》的一些主要论点，在《原善》三卷中已经初步形成。如对于《易·系辞》中"形而上者谓之道，形而下者谓之器"一句，《绪言》卷上问答二中有详细论述，而《原善》卷中第二段已作出了"形而下者，成形质以往者也，形而上者，阴阳鬼神胥是也，体物者也"的阐说。又如《绪言》卷下问答十中说："以不移定为下愚，又往往在知善而不为，知不善而为之者，故曰不移，不曰不可移。"而在《原善》卷下第二段中已提出了"不移，非不可移也"的论点。

3.《绪言》共约二万八千字，而《原善》三卷共约一万二千字。《绪言》中有不少新增的内容是对《原善》三卷的进一步扩充。例如对扬雄、韩愈论性，邵雍论神，张载论气的分析，对程子、朱子等关于理气见解之失的评论，等等，为其后的《疏证》确定了规模和基础，而这些内容在《原善》三卷中尚未阐明。《绪言》卷中问答五对《孟子·告子》"乃若其情"一句所作的"情字非性情之情，情犹素也，实也"的解释，也是《原善》三卷尚未提及的。

4. 也有《原善》三卷中的一些论点，在《绪言》中没有写入，而后来又补入作为《绪言》定本的《疏证》中的情况。例如，《原善》卷下第一段说："人之不尽其才，患二：曰私，曰蔽。"戴震的这一重要论点不见于《绪言》，而《疏证》卷上《理》篇问答九、卷下《才》篇问答一都论及"私"与"蔽"。《疏证》卷下《权》篇前言又说："人之患，有私有蔽，私出于情欲，蔽出于心知。无私，仁也；不蔽，智也。非绝情欲以为仁，去心知以为智也。故圣贤之道，无私而非无欲；老、庄、释氏，无欲而非无私。彼以无欲而成其自私者也。此以无私通天下之情，遂天下之欲者也。"在这里，戴震把他的论点发挥得更全面透彻了。

由上可见，《绪言》是在《原善》三卷的基础上扩写而成的。在《绪言》的规模上，戴震又写成更加成熟的定本《疏证》。所以段玉裁说："《孟子字义疏证》原名《绪言》。"

戴震的《孟子私淑录》（以下简称"《私淑录》"），一直不见于各家著录。中华书局 1961 年出版《疏证》时在前言中说："《孟子私淑录》未曾刊刻，各家文字也不曾著录。1942 年四川省立图书馆《图书集刊》创刊号据张海鹏照旷阁抄本刊布出来。现用北京图书馆和北京大学图书馆藏三种抄本，加以校正排印。"张海鹏是嘉庆时的藏书家，曾刊著名丛书《墨海金壶》和《学津讨原》。由此可见《私淑录》在嘉庆时已有抄本，但见者极少。四川那个抄本是抗战时钱穆从北京书贾那里抄录的副本带到内地的（见余英时《论戴震与章学诚》）。

前言又说："在《原善》著成以后，《疏证》定稿以前，戴震写了《疏证》的初稿《绪言》和修订稿《孟子私淑录》。"这一考订大致不错。今查对数条如下：

1.《绪言》卷下问答四最后一句为"神乘乎气而资气以养也"(中华书局1961年版,第116页)。《私淑录》卷下问答三最后一句(中华书局1961年版,第152页)与《绪言》此句全同。《疏证》卷上《理》篇问答十四此句作"此显指神乘乎气而资气以养"(中华书局1961年版,第17页)。

《私淑录》及《疏证》此句之下均有戴震自作小注"王文成云:'夫良知一也,以其妙用而言谓之神,以其流行而言谓之气。'立说亦同"等句。而《绪言》则无此小注。可见《绪言》是初稿,《私淑录》与《疏证》是修订稿和定稿。

2.《绪言》卷上问答十四"凡有生即不隔于天地之化"一段(中华书局1961年版,第90页)与《私淑录》卷中问答三一段(中华书局1961年版,第143页)、《疏证》卷中《性》篇问答一中一段(中华书局1961年版,第28页)也基本相同,所不同处为:

(1)《绪言》中有"而其本受之气与所资以生之气则不同。所资以生之气虽由外而入,大致以本受之气召之"句。《私淑录》将《绪言》这句中的两处"所资以生之气"均改为"所资以养者之气",《疏证》与《私淑录》全同。

(2)《绪言》中有"论形气则气为形之本。人物分于阴阳五行,成性各殊故形质亦殊"句,《私淑录》中删改为"由其成性各殊,故形质各殊"。《疏证》与《私淑录》删改相同。

(3)《绪言》中有"全而尽之无憾者圣人也,知之极其量也"一句,《私淑录》中亦有此句,然其下加"知觉运动者人物之生，知觉运动之所以异者，人物之殊其性"句。《疏证》与《私淑录》增补相同。

由此也可见《绪言》是初稿，经修订成《私淑录》，后进一步形成定稿《疏证》。现以三书字数比较，《绪言》约二万八千字，《私淑录》约一万九千字，《疏证》约三万八千字。

此外，钱穆也曾以三书对比举例论证《疏证》与《私淑录》内容相同，故知《私淑录》在《绪言》之后。陈荣捷《论戴震〈绪言〉与〈孟子私淑录〉之先后》（《大陆杂志》第五十七卷第三期）论证戴震先著《私淑录》而后修订成《绪言》，最后乃成《疏证》。陈氏举例说明"《绪言》较《私淑录》为详"，"《绪言》较《私淑录》为精"，因此，当以《绪言》在后，而《私淑录》作于《绪言》之前。陈氏提出"《绪言》四十八节中，二十五节不见于《私淑录》"，而"《绪言》卷中除第五节第一段外，全部不见于《私淑录》"。至于《疏证》中一些论礼、论性的篇章"几全抄《绪言》卷中十至十二，一至三，六，八诸节"。陈氏说："断无先发挥于《绪言》，而于《私淑录》除去，然后于《疏证》再用之理。"

据上引钱穆、陈荣捷两家论点，今可见者：

1. 《私淑录》实际上修改了《绪言》中的多处字句，而后来成为定本的《疏证》皆依照《私淑录》所改之文字。这一点证据确凿。

2.《疏证》中也收入了《绪言》中的若干节目，尤其是卷中各问答，这些都是《私淑录》所没有的。

现作一假设如下：

1. 应按段玉裁所说"《孟子字义疏证》原名《绪言》"。

2.《绪言》完成后，戴震进一步改写，在内容字句上有修订，书名为《孟子私淑录》。

3.《私淑录》在修订过程中，戴震或是认为篇幅不足没有成书，或是成书而对体裁编排不甚满意，因而不再写下去。另行改写《孟子字义疏证》一书。这可能就是《私淑录》虽然对《绪言》有所改订，而篇幅几乎少《绪言》三分之一的原因，也是戴震本人以及熟稔戴氏的段玉裁均未提及此书，后人也很少知道，因而未加著录的原因。

4. 其后戴震进一步设计《疏证》的结构，排出篇名，把各问答分属于《理》《天道》《性》《仁义礼智》《权》等各篇。《疏证》全书既包括了《私淑录》所修订的内容，又补入了《绪言》所有而不见于《私淑录》的内容。所以《疏证》字数又超出《绪言》四分之一以上。

据以上分析，可制成示意图如下：

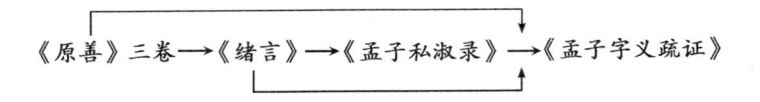

《原善》三卷──→《绪言》──→《孟子私淑录》──→《孟子字义疏证》

研究分析各书的异同，不仅可以考证各本成书时间的先后，而且可以研究戴震在修订过程中，论点的去取、思想的发展以及其着重点所在。

三、《孟子字义疏证》的主要内容

戴震哲学思想认为人的最高要求是达到"仁"与"智"的境地，也就是达到"善"的标准。在《疏证》中，戴震全面阐发了他的宇宙观、自然观以及对人性、物性和人类社会的看法，这些与他的"仁""智"理论是一致的。现在扼要介绍《疏证》中的几个主要概念和理论。

1. 理

（1）戴震认为"理"是指物体的纹理。对事物来说，"理"就是事物的条理和规律。他引《诗经》的话来说，就是"有物有则"（《疏证》卷上《理》篇问答二）。

（2）在人类社会中要得到"理"，就得将心比心，用自己的爱好与厌恶来衡量别人的爱好与厌恶，也就是要做到"己所不欲，勿施于人"（《疏证》卷上《理》篇问答四）。

（3）戴震在论理的同时，指责宋儒所主张的"理得于天而具于心"（《疏证》卷上《理》篇问答四），认为这种说法把"理"看成是上天所规定而存在于人心中。以这种见解来处理人的关系，判断事情的是非，往往都是凭自己主观意见行事，因而对人们造成了很大的祸害。

2. 气与道

（1）戴震认为天地间的一切存在都是运动着的气。气分金、木、水、火、土五种，称为五行。每一种气分阴阳两方面，五种气总称为阴阳五行之气，阴阳五行之气包括了宇宙的一切。

（2）气是不可见的客观存在，气的不断运动变化便称为道。戴震说："道，犹行也；气化流行，生生不息，是故谓之道。"（《疏证》卷中《天道》篇前言）

（3）戴震认为阴阳五行之气形成了人和物及人和物的器官，人和物的器官具有的作用称为"鬼神"。他说："耳之能听，目之能视，鼻之能臭，口之知味，魄之为也，所谓灵也，阴主受者也；心之精爽，有思辄通，魂之为也，所谓神也，阳主施者也。"（《疏证》卷上《理》篇问答五）他又说："举阴阳，举五行，即赅鬼神；《中庸》言鬼神之'体物而不可遗'，即物之不离阴阳五行以成形质也。"（《疏证》卷中《天道》篇问答一）戴震所阐发的"阴阳－五行－鬼神"假用"鬼神"这一词，意在说明物质的运动以及物质运动的功能，这是一个较为精彩且具有科学性的见解。

（4）戴震认为称为"道"的五行之气是不可见的，所以《易·系辞》说"形而上者谓之道"。而"有质可见"的金、木、水、火、土五行则是成形的"器"，所以《易·系辞》说"形而下者谓之器"。他用这一理论指出程、朱主张阴阳是形而下、阴阳二气的理是形而上的失误（《疏证》卷中《天道》篇问答一）。

（5）戴震认为"道"指阴阳五行之气的流行，而阴阳五行之气的流行有一定的规则，这就是"理"。所以他说"道赅理气"，又说："道之实体，一阴一阳流行不已，……理即于道见之。"（《绪言》卷上问答七）

3. 性

（1）性指人和万物各自具有的特点。从实质上说，性是阴阳五行之气形成的。人和万物所得到的阴阳五行之气在程度上有不同，所以各自的特性也不同。戴震说："性者，分于阴阳五行以为血气、心知，品物区以别焉。"（《疏证》卷中《性》篇问答一）他又说："《大戴记》曰：'分于道谓之命，形于一谓之性。'言分于阴阳五行以有人物，而人物各限于所分以成其性。"（《疏证》卷中《天道》篇前言）又说："人物分于天道，是以不齐也。"（《疏证》卷下《道》篇前言）

（2）戴震认为人对日用饮食的要求是正常的本性，应当满足。他引《诗经·小雅》"民之质矣，日用饮食"，《礼记·礼运》"饮食男女，人之大欲存焉"，说明圣人治理天下要做到"体民之情，遂民之欲"，才具备王道的条件（《疏证》卷上《理》篇问答九）。他又以这一见解来辩驳周子的"无欲"和朱子的"人欲所蔽"等论点（同上）。

（3）戴震认为人与人相处的准则是既要自己生活，也要考虑到别人的生活。他认为"欲遂其生,亦遂人之生"(同上)就是"仁"的表现。他认为人性不同于物性的地方,在于人能正确处理生活,这就是"善",这就是美德。他说:"人之心知,于人伦日用,随在而知恻隐,知羞恶,知恭敬辞让,知是非,端绪可举,此之谓性善。"(《疏证》卷中《性》篇问答一)又说:"而恃人之心知异于禽兽,能不惑乎所行,即为懿德耳。"(同上)

4. 自然与必然

(1)戴震认为人及万物都具有各自不同的本性,不同的本性具有不同的功能,本性的功能所产生的活动及表现都属于自然的现象。

(2)人和万物的活动,对人与动物来说,是血气、心知的运动;对植物来说,是根、干、枝、叶的成长。这实质上都是宇宙间阴阳五行之气的运动。戴震说:"气之自然潜运,飞潜动植皆同,此生生之机肖乎天地者也。"(《疏证》卷中《性》篇问答一)

(3)宇宙间的气化流行就是道,而人和万物的生长活动也是道。戴震说:"在天地,则气化流行,生生不息,是谓道;在人物,则凡生生所有事,亦如气化之不可已,是谓道。"又说:"日用事为,皆由性起,无非本天道然也。"(《疏证》卷下《道》篇前言)

(4)自然界气化的运行有一定的规律和准则。这种运动的准确性,戴震称之为"中节",形容为"纯粹中正",这就是"必然"。这种必然性，戴震又称之为"善"。他说："人物于天地其善固继承不隔者也。……一事之善，则一事合于天。……善，其必然也；性，其自然也；归于必然，适完其自然。"(《疏证》卷下《道》篇前言) 又说："必然乃自然之极则，适以完其自然也。"(《疏证》卷中《性》篇问答六)

(5) 人和物都有形体和知觉，但人的知觉高于动物，有仁、义、礼、智的本性。戴震说："若夫乌之反哺，睢鸠之有别，蜂蚁之知君臣，豺之祭兽，獭之祭鱼，合于人之所谓仁义者矣，而各由性成。人则能扩充其心知至于神明，仁义礼智无不全也。仁义礼智非他，心之明之所止也，知之极其量也。知觉运动者，人物之生；知觉运动之所以异者，人物之殊其性。"(《疏证》卷中《性》篇问答一，《孟子私淑录》卷下问答三) 这里论述动植物只能顺应自然，而人能认识到必然的规律与准则。

戴震又说："人与物咸有知觉，而物之知觉不足与于此。物循乎自然，人能明于必然。此人物之异，孟子以人皆可以为尧舜，在此也。"(《绪言》卷上问答十六) 这也是在论述人的智力能够认识到自然规律的必然性。

5. 仁政、王道

仁政与王道是戴震的社会政治理想。戴震在早年写成的《原善》卷下中即已写到人性的形成与人性的作用，以及"王道荡荡"(《书经·洪范》)、"开国承家"(《易经·师卦》)的社会政治思想。并且，他在《原善》三卷中便已批评了封建专制的弊害,指出"在位者多凉德而善欺背,以为民害,则民亦相欺而罔极矣。在位者行暴虐而竞强用力,则民巧为避而回遹矣。在位者肆其贪,不异寇取,则民愁苦而动摇不定矣。凡此非民性然也,职由于贪暴以贼其民所致。乱之本,鲜不成于上,然后民受转移于下,莫之或觉也,乃曰:民之所为不善,用是而仇民,亦大惑矣"(《原善》卷下)。于此可见戴震洞察历史,揭示了农民起义的根源以及历代专制统治的弊端。

《疏证》卷上《理》篇、卷下《权》篇多处表达了他的政治思想。他说:"孟子告齐梁之君,曰'与民同乐',曰'省刑罚,薄税敛',曰'必使仰足以事父母,俯足以畜妻子',曰'居者有积仓,行者有裹粮',曰'内无怨女,外无旷夫'。仁政如是,王道如是而已矣。"(《疏证》卷上《理》篇问答九)这里戴震借用孟子的话表达出传统儒家的仁政、王道理想。

由于戴震本人早年遭遇同族豪强与地方官吏的压制,他自述达到"置身无所"的境地(《与方希原书》,《戴震集》文集卷九),对道学家仗势欺人和固持偏见、不通人情有过切身体验,因此他对种种弊病的揭示符合实际,深刻有力。戴震指出那些利用圣贤言语,假借"天理"名义,实际上不通民情、不达世务、自以为是的顽固道学家,对社会更有害。针对道学家"存天理,灭人欲"的口号,他指出这种"天理"不合情理,不是事物的理,而是个人的偏见。他说:"自宋以来始相习成俗，则以理为'如有物焉，得于天而具于心'，因以心之意见当之也。于是负其气，挟其势位，加以口给者，理伸；力弱气慑，口不能道辞者，理屈。呜呼，其孰谓以此制事，以此制人之非理哉！"（《疏证》卷上《理篇》问答四）又说："苟舍情求理，其所谓理，无非意见也。未有任其意见而不祸斯民者。"（同上）

对于宋儒提倡的"无欲"，戴震也作了针锋相对的辩论。他说："举凡饥寒愁怨、饮食男女、常情隐曲之感，（宋儒）则名之曰'人欲'，故终其身见欲之难制。……天下必无舍生养之道而得存者，凡事为皆有于欲，无欲则无为矣；有欲而后有为，有为而归于至当不可易之谓理；无欲无为又焉有理！"（《疏证》卷下《权》篇问答三）这是一段极平易而又深刻的论述。他进一步指出"理欲之辨，适成忍而残杀之具，为祸又如是也"（同上）。这句话，他在文集中归纳为"酷吏以法杀人，后儒以理杀人，浸浸乎舍法而论理死矣，更无可救矣"（《与某书》，《戴震集》文集卷九）。

《儒林外史》第四十八回写一个老秀才在女婿死后，鼓励其女饿死殉夫，并且说"死得好，死得好"，认为这是一个"好题目的死"。这正是戴震所论"忍而残杀之具"的形象表现。夫死守节在明清以来的诗文集中传为"美谈"，事实上是"尊者""长者""贵者"对"卑者""幼者""贱者"的压制。（"尊者""卑者"等六个词均见《孟子字义疏证》卷上《理》篇问答九）不过历史上的妇女守节、殉节大都存在于士大夫阶层，民间市井或乡野大多并非如此。戴震出身平民，有见及此，敢于揭露传统礼教的弊病。章太炎论戴震说："震自幼为贾贩，转运千里，具知民生隐曲，而上无一言之惠，故发奋著《原善》《孟子字义疏证》，专务平恕，为臣民诉上天。明死于法可救，死于理即不可救。"（《释戴》，《太炎文录》卷一）可见这是戴震社会思想中的精粹。

关于"酷吏以法杀人"，刘鹗《老残游记》中有一回"太尊治盗　嫉恶如仇"，写出一位"太尊"（约指光绪时山东巡抚毓贤）的"严气正性"（《疏证》卷下《权》篇前言）。作者刘鹗评之为"刚愎自用，小则杀人，大则误国。吾人亲目所睹不知凡几矣，二十四史中指不胜屈"（《老残游记》自评）。

胥吏和地方官残酷欺压人民，是封建社会的严重弊病，自明清以来对社会的危害愈重，各时期都有学者揭露。戴震以后，道光时山阳鲁一同著《胥吏论》数篇（鲁一同《通甫类稿》）对此痛加谴责，清末刘鹗则以小说形式对其进行辛辣的批判。可见，在历史上，学者文人中一直有关心国家、人民的优良传统。

四、当时及后世对戴震思想的评价

乾嘉时代考证学兴盛，虽然戴震的唯物主义哲学思想与进步的社会思想没有产生很大影响，但洪榜、章学诚以及稍晚的焦循等学者认识到戴学的精髓，并予以甚高评价。不过，乾嘉时支持戴震的是极少数，大多数人认为戴震思想不值一提，甚至加以非难。爱才好士如朱筠也认为戴氏可传不在于此。同时期的钱载则说戴震"破碎大道"（《清史稿·文苑·翁方纲传》）。翁方纲把戴震比喻为"如杂剧内装出一带眼镜之塾师，妆作儒者模样"（李慈铭《越缦堂日记》光绪四年十二月初一日）。

乾嘉时程朱理学虽已衰退，但仍是朝廷取士的功令，封建社会虽到后期，但专制统治尚未动摇，这些是戴震思想不能为时人所接受的原因。道光时期桐城派方东树曾说："戴氏声华气焰足以耸动一世，于是遂欲移程朱而代其统矣。"（《汉学商兑》卷下）这话实有夸张和过分形容处。道光时道学家唐鉴编《国朝学案小识》，沈维鐈在唐著序言中说，卷中斥"西河（指清初毛奇龄）不录于恕谷（指李塨）、东原（指戴震）、绵庄（指颜李学派的程廷祚）诸子，黜其妄作"，可见凡对程朱有异辞的都属于被排斥之列。

方东树又曾论戴震说："一时，如吴中、徽歙、金坛、扬州数十余家，益相煽和，则皆其衍法之导师，传法之沙门也。"（《汉学商兑》卷下）方氏所论既含讽刺又有危言耸听之意，不过这也是研究戴震思想的一线流传的线索。

"吴中"可能指程廷祚（字绵庄，南京人），与戴震同时稍前。程廷祚的《青溪文集》论理、论性，以及议论朱子

《集注》，都与戴震有相通之处。

"徽歙"似指洪榜、凌廷堪、俞正燮等人，他们都是徽州人。洪榜是戴震的青年学友，洪榜曾说："戴氏之学，其有功于六经孔孟之言甚大，使后之学者无驰心于高妙而明察于人伦庶物之间，必自戴氏始也。"（《上笥河朱先生书》）"明察于人伦庶物之间"正是戴震主张的社会思想的实质。凌廷堪精通声律，著《燕乐考原》，在思想上，胡适说他"受了戴震论性和理欲的影响"（胡适《戴东原的哲学》）。俞正燮著《癸巳存稿》《癸巳类稿》，曾提出"再嫁者不当非之，不嫁者敬礼之斯可矣"，"男儿以忠义自责可耳，妇女贞烈岂是男子荣耀也"。又著《妒非女人恶德论》《贞女说》，认为妒不是妇女恶德，而迫女守贞是错误的。这些平易近人的理论在当时是很有价值的，与戴震所说"不必无常情隐曲之感"（《疏证》卷下《权》篇问答五）也是一致的。

"金坛"似指段玉裁。段氏精通文字、声韵之学，与戴震有深厚的师生之谊。段氏名著《说文解字注》的"理"字条目下引用了《疏证》卷上《理》篇前言与问答一中对"理"的定义和论述。他的《经韵楼集》中《明世宗非礼论》对"理"字有所发挥。他所编《戴东原先生年谱》记录了《疏证》成书的过程。

"扬州"似指汪中与焦循，他们的时代稍晚于戴震。汪中《述学》中论妇女守节一文近于人情，思想开明，符合戴震"以情絜情"的观点。焦循对戴震的肯定已见前述，他的《孟子正义》整篇整段转引戴震《疏证》的文字，可见他对戴震思想的认同。

除此以外，与戴震同时的纪昀在笔记中假用狐鬼的语言讽刺道学家，有些地方则直接指责："讲学之家，责人无已，非余之所敢闻也。"(《滦阳续录》，《阅微草堂笔记》卷十三)又说："宋以来，固执一理而不揆事势之利害者，独此人也哉！"(《如是我闻》，《阅微草堂笔记》卷十)这些话毕肖戴震的语言。在这一点上，可引为戴震的同调。

以上诸家的思想状况、学识深浅以及局限性各不相同，但反映出在封建社会末期，一些进步思潮已在酝酿，并引起了波澜，不过还没有汹涌澎湃。

到19世纪末20世纪初，时代变化了，对戴震思想的评论也增多起来，这反映了1840年以来社会经济与思想文化的变化。

定海黄式三（黄以周之父）所著《儆居集》刊成于光绪中。其书有《申戴氏理说》一文，举出戴震与诸儒（指程朱）异者共七点。其中第一点论诸儒认为"阴阳，气也。所以一阴一阳者理也"，而戴氏认为"阴阳即天道，不闻辨别阴阳始可当道之称，非阴阳之上别有所谓理"。第二点论诸儒谓"天理之赋于人为性之本"，而戴氏认为"凡经传中言理，谓人情之不爽失也，非指洁净空阔之一物也"。其他各点对戴震与宋儒的比较也都确切，可见黄氏精研了戴震的《疏证》，对戴震思想的阐发能符合原意。

与黄式三同时的学者戴望在所著《颜氏学记》中指出戴震与颜元的关系，他说："乾隆中戴吉士震（按：戴震入翰林院曾任庶吉士）作《孟子字义疏证》始本先生（指颜元）之说论性，而大畅其旨。"这一见解值得参考，可据以探讨戴震思想的源流。黄式三与戴望的书都出于光绪年间，在这时间，也有对戴说进行指责的。例如广雅书院山长朱一新在其所著《无邪堂答问》中说："东原误以人欲为天理，宗旨一差，全书皆谬。"（《无邪堂答问》卷一）又说："戴东原则曰程朱凭在己之意见而执之曰理，以祸斯民，且谓圣人以体民情遂民欲为得理。夫圣贤正恐人之误于意见，故有穷理之功，东原乃认意见为理，何其言理之粗。体民情，固也，遂民欲而亦谓之理，何言理之悖。"（同上）又说："天赋人有食色之欲，未尝有贪淫之欲。其有之者，自纵之也，东原乃谓食色之性不可无，此何待言，愚人知之，宋儒不知邪？"（《无邪堂答问》卷三）

朱一新所论似是而非。因为戴震所谓"以理杀人"（《与某书》，《戴震集》文集卷九），所谓有权势者"以意见为理"（《疏证》卷上《理》篇问答五），以及"理欲之辨，适以穷天下之人尽转移为欺伪之人"（《疏证》卷下《权》篇问答三），都是有所指的社会实际情况，揭发了封建社会的黑暗，这正是戴震思想的价值所在。至于这些现象是否全由程颐、朱熹尸其咎，当然还可分析。朱一新未能观察社会情况，仅从正统立场出发，在概念上抽象论证以自圆其说，说明他不理解戴震思想的实质，也不了解历史实际。

像朱一新这样批驳戴震者，在清末的形势下，已成强弩之末，当时更多的是对戴震思想的赞同。光绪时文廷式的一段议论正可与朱一新的互相比照。文廷式说："戴东原先生《孟子字义疏证》精警沉挚。余以为讲汉学家不必扬其波，讲宋学家则当引为诤友也。其言有曰：'今之治人者视古贤圣体民之情，遂民之欲，多出于鄙细隐曲，不措诸意，不足为怪，而及其责以理也，不难举旷世之高节，著于义而罪之。尊者以理责卑，长者以理责幼，贵者以理责贱，虽失，谓之顺；卑者、幼者、贱者以理争之，虽得，谓之逆。于是下之人不能以天下之同情，天下所同欲达之于上。上以理责其下，而在下之罪，人人不胜指数。人死于法，犹有怜之者，死于理，其谁怜之？'此一段沉着痛快，尤中宋学流弊之失。然余谓宋学所以行之数百年而举世莫敢非者正在此乎。盖挟尊、长、贵者之势以劫持卑幼贫弱，其事易行而有所借也，于是五伦之道亦甚异于三代矣。"（文廷式《纯常子枝语》卷七）文廷式既肯定了戴震思想，也分析了宋学流弊。

清末，黄宗羲的《明夷待访录》、郑所南的《心史》以及《扬州十日记》等书纷纷出版，这是出于时势的需要。戴震的《疏证》也被搜罗出，置于上述各书的行列中。

国学保存会铅印的《疏证》与《原善》合刊本出版于光绪三十一年（1905），又再版于光绪三十三年（1907）。邓实在出版后记中说："我国自宋以来，盛倡名分之说，以犯理即为犯分。君主利用其说以制天下，祸中生民，盖数百年。自二书出，始决其藩篱，独申公论，舍名分而论是非，舍势而论理。其解'理'字也，以为理出于欲，情得其平，是为循理。与西国民主之制公好恶于民，而倡人类平等之说相合。而又能详征训诂，辨物析辞，近于哲儒正名之学。凡宋儒意见拘墟之说，足以误国害民者，咸扫荡廓清，如拨云雾而见青天。二书之价值，其排斥专制，主言共和，盖与卢梭之《民约论》，黄梨洲之《明夷待访录》并垂天壤者也。"

与此同时，章太炎著《释戴》一篇，已见前述，其中有"清宪帝（指雍正）益以恣睢"之句。邓实说到民主、平等，章太炎指责清帝，都反映出时代氛围，这些文字都不是乾嘉时人所能作的，他们代表了清末一部分学者的见解。辛亥以后，梁启超、胡适都曾赞扬戴震，著有研究戴震的著作。1924年，在北京安徽会馆召开了戴东原二百年生日纪念会，并出版了纪念论文集。此后，对戴震思想的研究一直在继续。

在肯定戴震思想进步意义的同时，分析其历史局限并如实评价，仍是一个需要研究的课题。

蔡元培曾说："东原囿于当时汉学之习，又以与社会崇拜之宋学为敌，势不得不有所依傍，故其全书既依托于《孟子》而又取群经之言一一比附，务使与孟子无稍异同，其间遂亦不免有牵强附会之失。……而其时又不得物质科学之助力，故于血气心知之关系，人物之所以异度，人性之所以分于阴阳五行，皆不能言之成理，此则其缺点也。"（蔡元培《中国伦理学史·宋明理学时代》）章太炎又说："震书多姗议老庄，不得要领，而以浮辞相难，弥以自陷，其失也。又释氏经论，盖戴君所未睹，徒剌取禅人常语，而加以驳难，尤多纰谬。"（《释戴》，《太炎文录》卷一）蔡元培和章太炎的话不一定完全正确，但值得研究参考。

再到后来，有一个太虚和尚也曾说："往者读戴东原集，已首觉其哲理之精审出于宋明儒之上。其本儒言矫正程、朱，有足多者，而同时即感觉其对于佛学无所知，且对于老、庄亦无所知也。……盲目地谓佛学的'真空'为朱熹派所执之理，真不知颠倒到何处去了。"（太虚《评胡适的戴震哲学》，《海潮音》第九年第二期）太虚的批评可能有些片面，但在今后的研究中也是值得参考的。

本书今译和校注开始于 1988 年 8 月，陆续进行到 1990 年 7 月。水平所限，错讹之处或者难免，如蒙学者惠正，今后再加补订。

冒怀辛
1990 年 7 月 9 日

目　录

序 1

卷　上 7

　　理 十五条 7

卷　中 87

　　天道 四条 87

　　性 九条 104

卷　下 156

　　才 三条 156

　　道 四条 172

仁义礼智 二条 ………………………… 193

诚 二条 …………………………………… 203

权 四条 …………………………………… 212

序①

【提 要】

指出孔子论性与天道超出前代的圣人。孟子时产生了杨朱、墨翟等不同的意见，孟子为捍卫孔子思想，避免人心受蒙蔽而起来进行辩论。其后又有人（指宋儒程朱）习惯于杨朱、墨翟、老、庄、佛教的理论，误解和紊乱了孟子的思想，所以著者要作《孟子字义疏证》三卷进行辩论。

---

① 冒按：原文以1962年中华书局版何文光校点本为根据，标点做了少量订改。新增之校勘，另加注说明，其余一仍其旧。

【原文】

余少读《论语》端木氏之言曰："夫子之文章可得而闻也，夫子之言性与天道不可得而闻也。"读易，乃知言性与天道在是。周道衰，尧、舜、禹、汤、文、武，周公致治之法，焕乎有文章者，弃为陈迹。孔子既不得位，不能垂诸制度礼乐，是以为之正本溯源，使人于千百世治乱之故，制度礼乐因革之宜，如持权衡以御轻重，如规矩准绳之于方圆平直，言似高远而不得不言。自孔子言之，实言前圣所未言；微孔子，孰从而闻之！故曰"不可得而闻"。

是后私智穿凿者，亦警于乱世，或以其道全身而远祸，或以其道能诱人心有治无乱；而谬在大本，举一废百；意非不善，其言只足以贼道，孟子于是不能已于与辩。当是时，群共称孟子好辩矣。孟子之书，有曰"我知言"，曰"游于圣人之门者难为言"。盖言之谬，非终于言也，将转移人心；心受其蔽，必害于事，害于政。彼目之曰小人之害天下后世也，显而共见；目之曰贤智君子之害天下后世也，相率趋之以为美言，其入人心深，祸斯民也大，而终莫之或寤。辩恶可已哉！

孟子辩杨墨；后人习闻杨、墨、老、庄、佛之言，且以其言汨乱孟子之言，是又后乎孟子者之不可已也。苟吾不能知之亦已矣，吾知之而不言，是不忠也，是对古圣人贤人而自负其学，对天下后世之仁人而自远于仁也。吾用是惧，述《孟子字义疏证》三卷。韩退之氏曰："道于杨、墨、老、庄、佛之学而欲之圣人之道，犹航断港绝潢以望至于海也。故求观圣人之道，必自孟子始。"呜呼，不可易矣！休宁戴震。

理十五条卷上目一

天道四条卷中目二

性九条

才三条卷下目五

道四条

仁义礼智二条

诚二条

权五条[1]

【注释】

[1] 冒按：《孟子字义疏证》卷下《权》篇现有前言一条，问答三条，共四条。此云五条，或误记，或佚一条。

【译 文】

我小时候读《论语》，端木氏①说："夫子②的文章是可以看见的，而夫子所讲的性与天道③是不可能听到的。"④ 读了《易经》以后，我才知道〔孔子〕讲性与天道的言论就在这里。周朝的王道衰落以后，尧、舜、禹、汤、文王、武王、周公等圣贤治国的方法，明显表现在文章典籍方面的，都被认为陈旧而抛弃掉。孔子没有政治地位，不能把这些方法贯彻到制度礼乐中去，所以他就从根本上加以端正，追溯源流，使得后世的人对于千百代治与乱的原因，以及制度礼乐的继承或改革，在认识上如同用秤称量轻重，用圆规和绳尺画方圆平直一样准确。孔子的话好像高阔远大，但是不能不说。从孔子来说，实际上讲了以前的圣人没有讲过的话。除了在孔子那里，没有别处可以听到这些言论。所以说"不能听到"。

孔子以后，那些自以为是的人，在乱世中也得到经验和警惕。他们或者设法保全自身，避免灾难，或者用他们的道理诱导人心安定而不混乱。但是他们的思想从根本上说有错误，肯定了一方面，而废弃了许多方面。他们的本意并非不好，但是他们的言论只会有害正道，所以孟子不能不同他们进行辩论。

---

① 指孔子的学生端木赐，字子贡。
② 指孔子。
③ 指人的本性与天的法则。
④ 这一句原文见《论语·公冶长》。

当时人们都说孟子喜欢辩论。《孟子》一书中说："我能辨别各种言论。"① 又说："在圣人门下游学过的人，不轻易发表意见。"② 这是由于言论若有错误，其后果便不止于说错而已，它将转变人们的思想。而思想受到蒙惑，必然有害于处理事情，也有害于管理政务。被认为"小人"的人对天下后世的危害，大家能够明显看到；被认为"贤智君子"的人对天下后世的危害，却被公认为美言。他们的言论深入人心，对人们危害很大，而人们对此终于不能觉悟，那么，辩论又怎么能停止呢？

孟子曾经辩驳杨朱、墨翟的见解③。后代的人习惯于杨朱、墨翟、老子、庄子、佛教的言论④，而且用他们的说法来混淆孟子的言论，这又是后世继承孟子传统的人不能置之不问的事。如果我不知这些情况也就算了，既然已知道了而不

---

① 见《孟子·公孙丑上》。原文为："我知言。"下文孟子对"知言"的说明是："诐辞知其所蔽，淫辞知其所陷，邪辞知其所离，遁辞知其所穷。"

② 见《孟子·尽心上》。原文为："游于圣人之门者难为言。"

③ 杨朱，战国初魏人，主张"贵生""重己"。墨翟，春秋战国之际人，所著《墨子》中有《兼爱》《非攻》《尚贤》等篇。孟子曾说："杨氏为我，是无君也。墨氏兼爱，是无父也，无父无君，是禽兽也。"（见《孟子·滕文公下》）

④ 老子，姓李名耳，字伯阳，春秋时道家创始人，著有《老子》。庄子，姓庄名周，字子休（"子休"二字见唐代成玄英《庄子疏》序），是道家代表人物，著有《庄子》。佛教创始人是释迦牟尼。本书中的"释""释氏"都是指佛教或佛教徒。

说，那是不忠实。对古代圣贤而言，是辜负了从他们那里所学的东西；对于后世的仁人来说，是我自己远离了仁。我因此产生恐惧，于是写作《孟子字义疏证》三卷。韩退之①说："从杨、墨、老、庄、佛那里学习，而要达到圣人之道，就如同在不通江海的港湾中航行而希望通向大海一样。所以要求见到圣人的道理，必须从学习孟子开始。"② 啊！这句话是不能改变的。

休宁　戴　震

---

① 韩愈（768—824），字退之。唐代古文家，著有《原道》《原性》等文。
② 这一段原文见韩愈的《送王秀才序》一文。

卷　上

理

【提　要】

指出理的概念是"条理"和"分理"。天下事情都有条理，具有仁和智的德性的人能明理，处理事情不生差错。着重指出古人所说的"理"与后儒（指宋儒程朱）所说的"理"不同。

【原　文】

理者，察之而几微必区以别之名也，是故谓之分理；

在物之质，曰肌理，曰腠理，曰文理；亦曰文缕。理、缕，语之转耳。得其分则有条而不紊，谓之条理。

孟子称"孔子之谓集大成"曰："始条理者，智之事也；终条理者，圣之事也。"圣智至孔子而极其盛，不过举条理以言之而已矣。

《易》曰："易简而天下之理得。"自乾坤言，故不曰"仁智"而曰"易简"。"以易知"，知一于仁爱平恕也；"以简能"，能一于行所无事也。"易则易知，易知则有亲，有亲则可久，可久则贤人之德"，若是者，仁也；"简则易从，易从则有功，有功则可大，可大则贤人之业"，若是者，智也；天下事情，条分缕（晰）〔析〕，以仁且智当之，岂或爽失几微哉！

《中庸》曰："文理密察，足以有别也。"《乐记》曰："乐者，通伦理者也。"郑康成注云："理，分也。"许叔重《说文解字序》曰："知分理之可相别异也。"古人所谓理，未有如后儒之所谓理者矣。

【译 文】

"理"是指观察事物，而对事物之间非常细微的不同点也必须加以区别的一个概念，所以称为分理。在事物的实体中，有肌理、腠理、文理（也叫文缕。理、缕是语言之转）；事物得到区分，便有头绪而不乱，称为条理。

孟子在称"孔子是集大成的圣人"时说:"使事物开始有条理,是智者的事;使事物终于有条理,是圣人的事。"① 圣与智到了孔子时,达到最高的程度,也不过用条理来表示而已。

《易经》说:"通过平易和简化,可以得到天下的道理。"② 这是从整个自然界来看,所以不提"仁"与"智",而说"易"和"简"。"事情明白平易,使人们容易得到认识"③,这指认识要一致于仁爱平恕;"事情简单而不繁复,使人们有能力办到"④,这指办事时轻便如同无事一样。"明显平易的事容易知道,大家都容易知道,便会互相亲近,亲近就可以长久,可以长久就是圣人的特点"⑤,这一情况说明了"仁"的作用;"事情简约就容易办,容易办就有成绩,有成绩就能发展扩大,发展扩大就是圣人的事业"⑥,这种情况是"智"所起的作用;对世界上所有的事情,非常细密地一条条加以分析,用"仁"和"智"的原则来处理,哪能会有丝毫的爽失差错?

《中庸》说:"对事物的纹路和条理进行细密观察,就能

---

① 原文见《孟子·万章下》。
② 原文为"易简而天下之理得",见《易·系辞上》。
③ 原文为"以易知",见《易·系辞上》。
④ 原文为"以简能",见《易·系辞上》。
⑤ 原文见《易·系辞上》。
⑥ 原文见《易·系辞上》。

加以区别。"① 《乐记》说:"音乐是与伦理相通的。"郑康成注说:"理,是指区分。"② 许叔重《说文解字序》说:"知道分理是可以互相区别的。"③ 古代学者所说的"理"这一概念,没有后儒④所说的"理"的那种意思。

【问答一提要】

指出理是事情的准确反映,不能掌握事情的实际就不能明理。天理是自然的道理,是以自己的思想感情比照他人的思想感情而得到正确的对待。再次提出古人所说天理,与后儒程朱所说的天理是不同的。

【原　文】

问:古人之言天理,何谓也?

曰:理也者,情之不爽失也;未有情不得而理得者也。凡有所施于人,反躬而静思之:"人以此施于我,能受之乎?"凡有所责于人,反躬而静思之:"人以此责于

---

① 《中庸》第三十一章"文理密察,足以有别也"。
② 《礼记·乐记》"乐者,通伦理者也",郑玄(字康成)注:"理,分也。"
③ 许慎(字叔重)《说文解字序》:"知分理之可相别异也。"段玉裁注:"分理,文理也。"见《说文解字》卷十五。
④ 后儒,这里指宋儒二程、朱熹等。

我，能尽之乎？"以我絜之人，则理明。天理云者，言乎自然之分理也；自然之分理，以我之情絜人之情，而无不得其平是也。

《乐记》曰："人生而静，天之性也；感于物而动，性之欲也。物至知知，然后好恶形焉。好恶无节于内，知诱于外，不能反躬，天理灭矣。"灭者，灭没不见也。

又曰："夫物之感人无穷，而人之好恶无节，则是物至而人化物也。人化物也者，灭天理而穷人欲者也；于是有悖逆诈伪之心，有淫佚作乱之事；是故强者胁弱，众者暴寡，知者诈愚，勇者苦怯，疾病不养，老幼孤独不得其所。此大乱之道也。"诚以弱、寡、愚、怯与夫疾病、老幼、孤独，反躬而思其情，人岂异于我！

盖方其静也，未感于物，其血气心知，湛然无有失，扬雄《方言》曰："湛，安也。"郭璞注云："湛然，安貌。"故曰"天之性"；及其感而动，则欲出于性，一人之欲，天下人之（之）〔所〕同欲也，故曰"性之欲"。好恶既形，遂己之好恶，忘人之好恶，往往贼人以逞欲。反躬者，以人之逞其欲，思身受之之情也。

情得其平，是为好恶之节，是为依乎天理。《庄子》：庖丁为文惠君解牛，自言："依乎天理，批大郤，导大窾，因其固然，技经肯綮之未尝，而况大軱乎！"天理，即其所谓"彼节者有间，而刀刃者无厚，以无厚入有间"，适如其天然之分理也。**古人所谓天理，未有如后儒之所谓天理者矣。**

【译 文】

问一：古人所说的"天理"，是指的什么？

答："理"这个概念是指对事务毫无差错的反映；对事物本身还弄不清楚却能得到"理"，是不可能的。凡是对待他人的行为，回过来自己冷静考虑一下："别人这样对我，我能接受吗？"凡是责备他人的话，回头想："别人用来责备我，我能全部接受吗？"以自己的情况同别人比较，道理就明白了。"天理"这个概念，就是指自然的分理；自然的分理，是指用我本身实际情况来推论别人的情况，而没有一点不公平的地方。

《乐记》说："人生下来是安静的，这是自然的本性；感受外界事物而活动起来，这是人性的欲望。事物来到面前，人的知觉有所认识，然后形成了爱好与厌恶。思想中的好恶没有节制，事物又在外面引诱，如果不能回头反省，天理就要消灭。"①"灭"这个字，是指消失不见了。

又说："事物使人感受无穷，而人的爱好与厌恶如果不加以节制，那么事物到来以后，人将被物所同化。人被物同化，那就要灭没天理而放纵人欲；因此便会产生背叛欺诈的心

---

① 原文见《礼记·乐记》。

理,做出放荡作乱的事情;因此强者逼迫弱者,多数人残害少数人,聪明的欺诈愚蠢的,胆大的威胁胆小的,病人得不到调理,老少孤独的人没有安置的地方。这就是大乱之道。"① 如果人们扪心自省,那些弱者、少数人、愚人、胆小的人以及病人和老少孤独的人,他们要求生活,与我们又有什么不同呢?

当人在平静的时候,没有感受外界事物,他的身体和精神湛然安定,没有不足的地方(扬雄《方言》说:"湛,安也。"郭璞②注说:"湛然,安定的样子"),所以称这种状态是"自然的本性";当感受外界事物而发生反应时,人性中就有了欲望,一个人的欲望,也是世界上所有人的欲望,所以叫作"本性的欲望"。对于事物的好恶形成以后,为了达到自己的好恶,而忘掉别人的好恶,往往残害他人来放纵自己的欲望。所谓反躬自省,就是要考虑到如果别人放纵他的欲望,自己本身会有什么样的感受。

世界上的事情得到公平的处理,就是对个人的爱好与厌恶有所节制,就是按照天理办事(《庄子》中记:庖丁为文惠君杀牛时说:"按照天理,把刀插入牛身的空隙,在牛的骨节之间划开,顺着牛身的结构,我的刀连筋络骨节都碰不到,何况大骨盘呢!"庖丁所说的"天理"就是他讲的"牛的骨节有空

---

① 原文见《礼记·乐记》。
② 扬雄,字子云,西汉末思想家,著《太玄》《法言》《方言》等。郭璞,西晋文学家,著《尔雅注》《方言注》等。

隙，而我的刀很薄，用薄的刀插入空隙之中"①，这样正符合自然的分理）。由此可见，古人所说的"天理"不像后儒所说的那种"天理"。

【问答二提要】

指出"情"与"理"两个概念的关系，求理不能离开人的感情与生活日用。

【原文】

问：以情絜情而无爽失，于行事诚得其理矣。情与理之名何以异？

曰：在己与人皆谓之情，无过情无不及情之谓理。《诗》曰："天生烝民，有物有则；民之秉彝，好是懿德。"孔子曰："(作)〔为〕此诗者，其知道乎！"孟子申之曰："故有物必有则，民之秉彝也，故好是懿德。"以秉持为经常曰则，以各如其区分曰理，以实之于言行曰懿德。物者，事也；语其事，不出乎日用饮食而已矣；舍是而言理，非古贤圣所谓理也。

【译文】

问二：以自己的情况衡量别人的情况，而没有差误，在处

---

① 《庄子》原文见《养生主》篇。

理事情时就能得到"理"。那么,"情"与"理"两个概念又有什么不同呢?

答:以自己与他人的实际情况都叫作情,处理人事符合实际情况,不超出也没有不及,就叫作理。《诗经》说:"天生众多老百姓,有一物便有一物的法则;老百姓掌握这些经常的法则,喜爱优美的道德。"① 孔子说:"作这诗的人,真懂得道理!"② 孟子进一步说:"有一物必有一法则,老百姓掌握了事物的法则,所以喜爱优美的德行。"③ 办理事情经常不变叫作则,对事物符合实际的区分叫作理,把理实现在言行上叫作美德。物就是事,讲到事,不外于日常生活饮食等内容而已。离开这些内容去谈"理",那就不是古代贤人圣人所说的"理"。

【问答三提要】

指出人的思想能分析事物,这就是理;人的思想能作出判断,这就是义。如果思想受到蒙蔽而自以为是,把个人意见作为理、义,将对社会和人们产生极大的祸害。

【原 文】

问:孟子云:"心之所同然者,谓理也,义也;圣人

---

① 原文见《诗经·大雅·烝民》。
② 孔子语见《孟子·告子上》。
③ 原文见《孟子·告子上》。

先得我心之所同然耳。"是理又以心言，何也？

曰：心之所同然始谓之理，谓之义；则未至于同然，存乎其人之意见，非理也，非义也。凡一人以为然，天下万世皆曰"是不可易也"，此之谓同然。举理，以见心能区分；举义，以见心能裁断。分之，各有其不易之则，名曰理；如斯而宜，名曰义。是故明理者，明其区分也；精义者，精其裁断也。不明，往往界于疑似而生惑；不精，往往杂于偏私而害道。求理义而智不足者也，故不可谓之理义。自非圣人，鲜能无蔽；有蔽之深，有蔽之浅者。人莫患乎蔽而自智，任其意见，执之为理义。吾惧求理义者以意见当之，孰知民受其祸之所终极也哉！

【译 文】

问三：孟子说："人们心中所共同肯定的，称为理，称为义；圣人首先掌握我们心中一致的想法了。"[①] 这样看来，"理"又是用人心的一致来说明的，这是为什么？

答：人心所共同肯定的才叫作理，叫作义；没有达到共同一致的认识，是个别人的意见，不是理，也不是义。凡是一个人认为是对的，天下万世都认为不能改变，这叫作一致肯定。以"理"这个字来说，就是指人心对于事物能加以区分；以

---

① 原文见《孟子·告子上》。

"义"这个字来说，就是指人心对事物能进行判断。事物被区别以后，各个事物都有它不可更改的原则，叫作"理"；按照法则办事，使事物各得其宜，叫作"义"。所以明理指明确事物的区分，精义①指精通对于事物的判断。如果没有明确的认识能力，往往在是非之间产生迷惑；如果不精于判断，往往掺杂个人的偏见而有害正确的道理。这些都是追求理、义而智慧不足的表现，所以不能叫作理、义。人并不是圣人，很少能不受蒙蔽的，有的受蒙蔽深，有的受蒙蔽浅。人的最大危害莫过于受到蒙蔽而自认为聪明，并放任自己的意见，固执地认为这就是理、义。我担心那些追求理义的人把个人意见当作理、义，谁知道老百姓受他们祸害要达到多么严重的程度啊！

【问答四提要】

批评宋儒认为理是"得于天而具于心"的说法，指出这样将把心中的主观意见认为是理而对社会人民产生危害。

【原　文】

问：宋以来儒书之言，以理为"如有物焉，得于天而具于心"；《朱子语录》云："理无心则无著处。"又云："凡物有心而其中必虚，人心亦然；止这些虚处，便包藏许多道理。推广得来，盖

---

① "精义"一词，见《易·系辞下》"精义入神，以致用也"。

天盖地，莫不由此。此所以为人心之好[1]欤！理在人心，是谓之性。心是神明之舍，为一身之主宰；性便是许多道理得之天而具于心者。"今释孟子，乃曰"一人以为然，天下万世皆曰是不可易也，此之谓同然"，"是心之明，能于事情不爽失，使无过情无不及情之谓理"，非"如有物焉具于心"矣。又以"未至于同然，存乎其人之意见，不可谓之理义"。在《孟子》言"圣人先得我心之同然"，固未尝轻以许人，是圣人始能得理。然人莫不有家，进而国事，进而天下，岂待圣智而后行事欤？

曰：《六经》、孔、孟之言以及传记群籍，理字不多见。今虽至愚之人，悖戾恣睢，其处断一事，责诘一人，莫不辄曰理者，自宋以来始相习成俗，则以理为"如有物焉，得于天而具于心"，因以心之意见当之也。于是负其气，挟其势位，加以口给者，理伸；力弱气慑，口不能道辞者，理屈。呜呼，其孰谓以此制事，以此制人之非理哉！即其人廉洁自持，心无私慝，而至于处断一事，责诘一人，凭在己之意见，是其所是而非其所非，方自信严气正性，嫉恶如雠，而不知事情之难得，是非之易失于偏，往往人受其祸，己且终身不寤，或事后乃明，悔已无及。呜呼，其孰谓以此制事，以此治人之非理哉！

天下智者少而愚者多；以其心知明于众人，则共推之为智，其去圣人甚远也。以众人与其所共推为智者较其得理，则众人之蔽必多；以众所共推为智者与圣人较其得理，则圣人然后无蔽。

凡事至而心应之，其断于心，辄曰理如是，古贤圣未尝以为理也。不惟古贤圣未尝以为理，昔之人异于今人之一启口而曰理，其亦不以为理也。昔人知在己之意见不可以理名，而今人轻言之。夫以理为"如有物焉，得于天而具于心"，未有不以意见当之者也。今使人任其意见，则谬；使人自求其情，则得。子贡问曰："有一言而可以终身行之者乎？"子曰："其恕乎！己所不欲，勿施于人。"

《大学》言治国平天下，不过曰"所恶于上，毋以使下，所恶于下，毋以事上"，以位之卑尊言也；"所恶于前，毋以先后，所恶于后，毋以从前"，以长于我与我长言也；"所恶于右，毋以交于左，所恶于左，毋以交于右"，以等于我言也。曰"所不欲"，曰"所恶"，不过人之常情，不言理而理尽于此。惟以情絜情，故其于事也，非心出一意见以处之，苟舍情求理，其所谓理，无非意见也。未有任其意见而不祸斯民者。

【注　释】

[1] 冒按："人心之好"，《朱子语类》卷九十八原文作

"妙",当依《语类》改作"妙"。自乾隆时孔继涵微波榭本《孟子字义疏证》误作"好"字,以后各本皆相沿成误。

【译 文】

问四:从宋朝以来,儒者写的书认为理"如同一个东西,从上天得来,而存在于人心中"(《朱子语类》说:"没有理,心就没有着落的地方。"① 又说:"任何事物都有心,而心的中间是空的。人的心也是这样。就在人心的这些空隙里,包含了许多道理。扩大来说,整个天地间的道理,都是由这里面出发的,这就是人心的玄妙之处。理存在于人的心中,就叫作性。心是神明意识所存在的场所,是全身的主宰;性就是从上天得来而存在于人心中的许多道理"②);而你现在解释《孟子》时,却说"一个人认为是对的,而天下万世的人也都认为这是不能改变的,这就叫作同然","心的明智能够处理事情没有差误,办事不过分也没有不足就叫作理",这样说来理并不是〔像宋儒所说的〕"如同一个东西〔从天上得来〕存在于人心中"的。你又认为"没有达到一致的肯定,那属于个人的意见,不可以称为理义"。在《孟子》中说:"圣人先得

---

① 《朱子语类》卷五:"问:心是知觉,性是理。心与理如何贯通为一?曰:理无心则无着处。"
② 原文见《朱子语类》卷九十八《张子之书》。

到我们心中共同一致的见解"①，他并没有轻易许可人们〔能得到这样的认识〕，那么只有圣人才能掌握理。然而每人都是先有家中的事，进一步有国的事，进一步有天下的事，难到必要等待圣人、智者出来才能够办事吗？

答：《六经》和孔子、孟子的言论中，以及解释经典的传记群书中，"理"字并不多见。而在今天，即使最愚昧的人，他们不分是非，随意放肆，但在办一件事，责问一个人的时候，都经常提出"理"字来。这是因为从宋朝以来开始形成习惯，以为理"好像一个东西，是由上天给予而存在于人们的心中"，因而就把个人心中的意见来当作理。于是，依仗气势、拥有地位而言语敏捷之人的理便能伸张；而那些力量薄弱、胆小怕事而又不善言辞之人的理便受到压抑。啊！现在哪里有人能指出用这一种手段来控制局面，来制服别人是不合理的呢？即使有人廉洁自守，没有私意和恶念，而他在处理一件事，责备一个人时，凭自己片面的意见，肯定自己所肯定的事，否定自己所否定的事，他相信自己严肃正确，对丑恶现象视同仇敌，而不知道事情难于分清，判断是非容易产生偏向。因而往往使人们受到他的祸害而他自己终身不觉悟，或是事后明白了而已经后悔不及。啊！又有什么人能指出这样办事、管理老百姓是不合理的呢？

世界上聪明的人少，而愚昧的人多。如果一个人的认识能

---

① 原文见《孟子·告子上》。

力比众人要高明，那么人们公认他是智者，其实他的智慧距离圣人还是很远的。把众人与他们共推为智者的人进行比较，看谁更符合理，那么众人的蔽塞一定较多；把众人所推为智者的人与圣人来比较，那么只有圣人才没有蔽塞。

每当事物来到面前，思想就要做出反应，有所判断，人们往往自认为这种判断就是理，而古代的贤人、圣人并不认为这就是理。不仅古代贤圣不认为这是理，过去的人①也不像今天的人开口闭口就说理，他们也不认为这就是理。过去的人认为存在于人心中的意见不能称为理，而今天的人则轻易随便地称之为理。那些认为理是"从天上得来而存在于人心中的人"，没有一个不是用个人意见来代替理的。如果一个人放任他自己的意见，就会产生谬误；如果他在客观情况中去求索，就会得到理。子贡问道："有没有一句话可以终身奉行的呢？"孔子说："那就是'恕'字吧！自己不愿意的事情，不要加之于别人。"②

《大学》中谈到治国平天下的方法，不过仅仅说"所不满意于上面的事，不要用来命令下面，所不满于下面的事，不要用来对付上面"，这是从地位的高低来说的；"对于前面人不满意的事，不要用来支配后人，对于后面人不满意的事，不要用来事奉前人"，这是指长辈与晚辈的关系来说的；"对于从

---

① "过去的人"，戴震原文作"昔之人"，意指宋儒以前的人。
② 原文见《论语·卫灵公》。

右边来的厌恶，不要转移给左边的人，对于从左边来的厌恶，也不要转给右边的人"①，这是指辈分与我相等的人来说的。这里说的"所不愿意""所不满意"的内容，都是人们通常经历的情况，不说理而理的意义全部包含在内。只有以本身的情况来衡量别人的情况，才能够在处理事的时候，不是从心里想出一个〔片面的〕意见来处理。如果不根据实际情况来求理，那么所说的理，无非都是〔主观的〕意见。没有一个人能够放任自己的意见，却不对老百姓产生祸害。

【问答五提要】

据孟子"心之所同然"一句，说明事物的声、色、嗅、味接触到人的身体，事物的理接触到人的思想。同时指出不能离开客观事物而得到理义。

【原文】

问：以意见为理，自宋以来莫敢致斥者，谓理在人心故也。今曰理在事情，于心之所同然，洵无可疑矣；孟子举以见人性之善，其说可得闻欤？

曰：孟子言"口之于味也，有同耆焉；耳之于声也，有同听焉；目之于色也，有同美焉；至于心独无所

---

① 以上引文均见《大学章句》传第十章。

同然乎"，明理义之悦心，犹味之悦口，声之悦耳，色之悦目之为性。味也、声也、色也在物，而接于我之血气；理义在事，而接于我之心知。血气心知，有自具之能：口能辨味，耳能辨声，目能辨色，心能辨夫理义。味与声色，在物不在我，接于我之血气，能辨之而悦之；其悦者，必其尤美者也。理义在事情之条分缕析，接于我之心知，能辨之而悦之；其悦者，必其至是者也。

子产言"人生始化曰魄，既生魄，阳曰魂"；曾子言"阳之精气曰神，阴之精气曰灵，神灵者，品物之本也"。盖耳之能听，目之能视，鼻之能臭，口之知味，魄之为也，所谓灵也，阴主受者也；心之精爽，有思辄通，魂之为也，所谓神也，阳主施者也。主施者断，主受者听，故孟子曰："耳目之官不思，心之官则思。"是思者，心之能也。精爽有蔽隔而不能通之时，及其无蔽隔，无弗通，乃以神明称之。凡血气之属，皆有精爽。其心之精爽，钜细不同，如火光之照物，光小者，其照也近，所照者不谬也，所不照（所）〔斯〕疑谬承之，不谬之谓得理；其光大者，其照也远，得理多而失理少。且不特远近也，光之及又有明暗，故于物有察有不察；察者尽其实，不察斯疑谬承之，疑谬之谓失理。

失理者，限于质之昧，所谓愚也。惟学可以增益其不足而进于智，益之不已，至乎其极，如日月有明，容光必照，则圣人矣，此《中庸》"虽愚必明"，《孟子》"扩而充之"之谓。圣人神明之盛也，其于事靡不得理，斯仁义礼智全矣。[1]故理义非他，所照所察者之不谬也。何以不谬？心之神明也。人之异于禽兽者，虽同有精爽，而人能进于神明也。理义岂别若一物，求之所照所察之外；而人之精爽能进于神明，岂求诸气禀之外哉！

【注释】

[1] 冒按：此上二句标点有订正，与中华原点校本不同。参中华本第6页。

【译文】

问五：以个人的意见作为理，从宋朝以来就没有人敢加以指斥，那是因为〔宋儒说〕理存在人们心中的缘故。现在你说理存在于事物之中。对于〔孟子说的〕理是所有人共同的认识，这实在是没有疑问的了。孟子举出〔人心的共同认识〕来说明人性的善，他的说法你能讲给我们听吗？

答：孟子说"口对于美味有共同的嗜好，耳对于声音有共同的听觉，眼睛对于颜色有共同的美感，至于人的心，难道没有共同的爱好吗"①，这说明理与义使人的心感到愉快，就

① 原文见《孟子·告子上》。

好像美味使人的口、美声使人的耳、美色使人的眼睛产生快感一样。味、声、色存在于物体而接触到人的感官,理与义存在于事情而接触到人的思想。人的肉体与心知具有各自的功能:口能辨别美味,眼能辨别颜色,耳能辨别声音,心就能辨别理和义。口味与声音、颜色存在于人本身之外的事情中,它们接触到人的肉体后,肉体能辨别而得到愉快。那使人感到愉快的,必然是最美好的。理和义产生于对事物的细密分析而接触到人的心知,心能辨别而对其加以爱好。那使人爱好的,必然是最正确的道理。

子产说:"人初生时开始形成的叫魄,既有了〔属于阴的〕魄,那阳的方面叫魂"①,曾子说:"阳的精气叫神,阴的精气叫灵。神灵是各类生物的根本"②。这是因为耳朵能听,眼睛能看,鼻能嗅,口能尝味,都是魄的作用。魄也就是所谓灵,灵属于阴,它的功能是接受外界事物〔的刺激和影

---

① 中国传统思想中,重浊的、有形体的事物,属于阴。轻灵的、精神性的存在,属于阳。体魄是属阴的,神魂是属阳的。子产,春秋时郑国大夫,名公孙侨,《左传》中记录了他的大量言论。他说的这句话见于《左传》昭公七年。原文是"人生始化曰魄。既生魄,阳曰魂"。唐代孔颖达疏说:"魂魄神灵之名。附形之灵为魄,附气之神为魂也。"

② 曾子所说见《大戴礼·曾子天圆篇第七十八》。原文是:"阳之精气曰神,阴之精气曰灵。神灵者品物之本也。"北周卢辩注说:"神为魂,灵为魄,魂魄者,阴阳之精,有生之本也。"说明神就是魂,灵就是魄,神与灵是一切生物的基础。戴震本文就是按照这一见解论述的。

响〕。心的知觉能力在思维时经常达到通达理解的程度，那是魂在起作用。魂也就是所谓神，神属于阳，它的功能是对外界事物加以观察。担任观察〔外界事物〕功能的能够判断，担任接受〔外界事物〕功能的能够感知。所以孟子说："耳和眼睛等器官不会思维，心这器官是思维的。"① 就是说，思维是心的职能。心的精爽也就是知觉能力，有时会因蒙蔽与隔阂而不能达到对事物的通晓和理解。等到没有隔阂，没有不通达的时候那就称〔这种思想认识能力〕为无所不知的神明。② 凡是有血肉气质的生物都有感知能力。心的感受和知觉有大小的不同，便如火光照耀事物一样，光线弱的，照的范围小，所照到的地方，认识不会出差错，照不到的地方就会产生疑惑和差错，没有差错就叫作得理；光线强的，照得远，得到的理多，而不合理的地方少。况且光的照射不仅有远近的区别，又有明暗的不同，因此对于被照的事物，有的观察到了，有的观察不到。对观察到的事物，可以充分了解它的实际，而对观察不到的事物，就会产生疑惑和谬误。疑谬就叫作失理。

失理的人限于素质的愚昧，就是所谓愚。只有通过学

---

① 原文见《孟子·告子上》。
② 戴震这里的"精爽"指感受外物的知觉能力。"神明"指对外界事物深刻透彻的理解。戴书原文是"精爽有蔽隔而不能通之时，及其无蔽隔，无弗通，乃以神明称之"。这句也是根据前文子产所说。子产说："是以有精爽至于神明。"（《左传》昭公七年）孔疏说："精亦神也，爽亦明也。精是神之未著，爽是明之未昭。"

习，才可以补充不足而达到智慧，不断补充增益，达到极点的时候，就像太阳和月亮的光明一样，任何容纳光线的地方都能照到，① 那就达到圣人的地位了。这就是《中庸》所说的"虽然愚昧，一定可以明白"②，以及《孟子》所说"〔在学习上〕扩大充实"③ 的意思。圣人无所不知的认识能力是强盛的，他对任何事情都能得理而不产生错谬，于是仁、义、礼、智就完全具备了。所以说理义不是别的，就是〔像光线一样〕对所照射、所观察的事物不产生差误。何以能不产生差误呢？这是由于心的神明〔在起作用〕。人之所以与禽兽相区别，就在于虽然二者都有〔感知外物的〕能力，但人能进一步具有〔分析判断事物〕的神明。由此可见，理义怎会是一个别的东西，要到所照射、所观察的事物之外去求索？人的感知能力能进一步扩展到神明的境界，又岂是求助于人所具有的血肉气质④以外的东西而达到的呢？

---

① 原文为"如日月有明，容光必照"。按《孟子·尽心上》有"日月有明，容光必照焉"句。
② 原文是"虽愚必明"，见《中庸》第二十章。
③ 原文是"扩而充之"。《孟子·公孙丑上》："凡有四端于我者，知皆扩而充之矣。"
④ 这里"人所具有的血肉气质"一语，原文为"气禀"。"气禀"意为天（自然）赋予的形体气质。在戴震哲学中，气是物质，"气禀"指人禀受五行之气而形成的体质。参见本书卷中《天道》篇"分于阴阳五行以有人物，而人物各限于所分以成其性"。

【问答六提要】

说明性就是气禀，也就是根据所禀受的阴阳五行之气而形成的形体（血气）和思维（心知）。指出宋儒认为人有欲望出于气禀，所以在气禀之外增加了一个"理义之性"，把孟子所说的仁义礼智称为理义之性。

【原　文】

问：后儒以人之有嗜欲出于气禀，而理者，别于气禀者也。今谓心之精爽，学以扩充之，进于神明，则于事靡不得理，是求理于气禀之外者，非矣。孟子专举"理义"以明"性善"，何也？

曰：古人言性，但以气禀言，未尝明言理义为性，盖不待言而可知也。至孟子时，异说纷起，以理义为圣人治天下〔之〕具，设此一法以强之从，害道之言皆由外理义而生。人徒知耳之于声，目之于色，鼻之于臭，口之于味之为性，而不知心之于理义，亦犹耳目鼻口之于声色臭味也，故曰"至于心独无所同然乎"，盖就其所知以证明其所不知，举声色臭味之欲归之耳目鼻口，举理义之好归之心，皆内也，非外也，比而合之以解天下之惑，俾晓然无疑于理义之为性，害道之言庶几可以息矣。孟子明人心之通于理义，与耳目鼻口之通于声色臭味，咸根诸性，非由后起。后儒见孟子言性，则曰理义，则曰仁义礼智，不得其说，遂于气禀之外增一理义之性，归之孟子矣。

【译 文】

问六：后儒认为人有嗜好欲望是由于气质禀赋，而"理"是与气质禀赋互相区别的概念。现在你说心的精爽通过学习扩充可以达到神明的境界，这时对于任何事情都能得到理。那么离开人的气质禀赋去求索理是不对的了。孟子专门提出"理义"来说明"性善"的，又如何解释呢？

答：古时人谈到人性，只从人的气质禀赋来说，没有明说理义就是人的本性，因为这是不必说就明白的道理。到了孟子的时代，异端学说纷纷兴起，认为理义〔不是人的本性而〕是圣人治理天下的手段。圣人设立了这一标准，强制人们遵从。妨害圣人之道的言论都是这种认为理义〔不出于人的本性而〕是从外界强加给人的见解所引起的。

人们仅知道耳对于声音、眼对于颜色、鼻对于嗅味、口对于美味的辨别是出于本性，而不知道心之于理义，也如同耳目鼻口之于声色嗅味。所以〔孟子〕说"至于人们的心，难道就偏偏没有共同肯定的内容吗"①，这是孟子依照人们所知道的来证明他们所不知道的，举出声色嗅味的欲望属于耳目鼻

---

① 原文见《孟子·告子上》。

口，对理义的爱好属于心的例子，这些都是人本身内部具有的特性，不是外界强加的。〔把眼耳鼻口与人心〕合起来比喻，以解除天下人的蒙惑，让他们对于理义是人的本性〔这一点〕明晓无疑，那么妨害圣道的言论或许可以停止了。孟子指明人心与理义相联系，以及耳目鼻口与声色嗅味相联系都是人的本性所决定，而不是后天产生的。后儒看孟子论人性时提到理义，提到仁义礼智，而不能理解，于是在气质禀赋以外增加一个"理义之性"，把它归属于孟子。

【问答七提要】

指出心能产生理义同肉体产生欲望一样，都是性所决定的。又指出心中形成理义是对事物观察分析而得到的不易之则，不像宋儒所说理是天所给予而存在于人心中的。

【原文】

问：声色臭味之欲亦宜根于心，今专以理义之好为根于心，于"好是懿德"固然矣，抑声色臭味之欲徒根于耳目鼻口欤？心，君乎百体者也，百体之能，皆心之能也，岂耳悦声，目悦色，鼻悦臭，口悦味，非心悦之乎？

曰：否。心能使耳目鼻口，不能代耳目鼻口之能，彼其能者各自具也，故不能相为。人物受形于天地，故恒与之相通。盈天地之间，有声也，有色也，有臭也，有味也；举声色臭味，则盈天地间者无或遗矣。外内相通，其开窍也，是为耳目鼻口。五行有生克，生则相得，克则相逆，血气之得其养、失其养系焉，资于外足以养其内，此皆阴阳五行之所为，外之盈天地之间，内之备于吾身，外内相得无间而养道备。"民之质矣，日用饮食"，自古及今，以为道之经也。血气各资以养，而开窍于耳目鼻口以通之，既于是通，故各成其能而分职司之。孔子曰："少之时，血气未定，戒之在色；及其长也，血气方刚，戒之在斗；及其老也，血气既衰，戒之在得。"血气之所为不一，举凡身之嗜欲根于(气)血〔气〕明矣，非根于心也。孟子曰，"理义之悦我心，犹刍豢之悦我口"，非喻言也。凡人行一事，有当于理义，其心气必畅然自得；悖于理义，心气必沮丧自失，以此见心之于理义，一同乎血气之于嗜欲，皆性使然耳。耳目鼻口之官，臣道也；心之官，君道也；臣效其能而君正其可否。理义非他，可否之而当，是谓理义。然又非心出一意以可否之也，若心出一意以可否之，何异强制之乎！是故就事物言，非事物之外别有理义也；"有物必有则"，以其则正其物，如是而已矣。就人心言，非别有理以予之而具于心也；心之神明，于事物咸足以知其不易之则，譬有光皆能照，而中理者，乃其光盛，其照不谬也。

【译文】

　　问七：声色嗅味的欲望也应该从心中生出，现在单独说对理义的爱好根源于心，这从《诗经》的"爱好美德"① 来说固然是不错的，然而声色嗅味的欲望是否仅仅来源于耳眼鼻口呢？心是统率身体各部分的，各个身体器官的作用都〔应当认为〕是心的作用。难道耳喜欢声音，眼喜欢颜色，鼻喜欢嗅味，口喜欢美味，都不是心的喜欢吗？

　　答：不是的。心可以指挥耳眼鼻口，而不能代替其功能，因为它们具有的功能是各不相同的，所以不能互相取代。② 人和万物的形体来源于天地，所以经常与天地互相通联。充满天地之间的有声色嗅味，举出声色嗅味，那么天地间的事物就包括无遗了。〔身体的〕内部与外界互相通联，所开的通道就是耳眼鼻口。五行之间有生有克，五行相生就得到和谐，五行相克就产生混乱，③ 这对于〔身体的〕血气得到调养和失去调养有密切的关系。从〔身体〕外部吸收〔营养〕，可以调养内部，这都是阴阳二气和五行之气在起作用。外的范围

---

① 原文"好是懿德"，见《诗经·大雅·烝民》。
② 参阅《荀子·天论》："耳、目、鼻、口，形能各有接而不相能也，夫是之谓天官。心居中虚，以治五官，夫是之谓天君。"
③ 五行指金、木、水、火、土五气，五行相生的顺序是：木—火—土—金—水，五行相克的顺序是：木—土—水—火—金。

包括充满天地之间的所有事物，内则指我身体具有的一切。如果在内外相通时，达到和谐与密切无间，那么调养身体的方法就具备了。〔《诗经》说：〕"老百姓是朴实的，每天吃喝过日子"①，从古到今，这是一个不变的道理。人体各部分要资取外物得到营养，因而开出耳眼鼻口等孔窍作为通道。既然在这些地方通过，所以各个器官形成特定的功能，并按照分工执行不同的任务。孔子说："少年时代身体的血气还不稳定，要警戒贪图美色；长成以后，血气正是刚强，要警戒争斗；到老年时，血气衰退，要警戒贪得。"② 血气〔在一生中〕的作用与活动不一样，这说明人身一切嗜好与欲望都根源于血气而并非根源于人心。孟子说，"理义使我的心感到愉快，如同肉类使我的口得到享受一样"，这不是比喻〔而是实际情况〕。凡是一个人做一件事，如果符合理义，他心里一定舒畅愉快；如果违背理义，一定灰心丧气，如有所失。因此可以看出心对于理义正同于血气对于嗜好欲望，都是人性所起的作用。

　　耳眼鼻口等器官具有臣的性质，心具有君的性质。臣贡献能力，而君判断是否正确。理义不是别的，就是恰当地判断是非。然而也不是心里生出一个意见来判断，如果从心里生出一个意见来判断，那与强制又有什么区别呢！所以，对于事物来说，不是在事物以外另有一个理义。"有一物必有一物的法

---

① 原文见《诗经·小雅·天保》。
② 原文见《论语·季氏》。

则"①，以这法则来规定事物，事物就是如此而已。对于人的心来说，不是另有一个理〔由上天〕给予人而存在人心中。心的神明对于所有事物都有可能知道它们的规律，如同光线能普遍照射一样，而之所以能掌握事物的规律，是由于光线强，在照射时不会产生差误。

【问答八提要】

指出学习从古贤圣所得到的东西，贵在能融化而形成自己的思想与个性，否则只是入而不化的记问之学。

【原 文】

问：学者多识前言往行，可以增益己之所不足；宋儒谓"理得于天而藏于心"，殆因问学之得于古贤圣而藏于心，比类以为说欤？

曰：人之血气心知本乎阴阳五行者，性也。如血气资饮食以养，其化也，即为我之血气，非复所饮食之物矣；心知之资于问学，其自得之也亦然。以血气言，昔者弱而今者强，是血气之得其养也；以心知言，昔者狭小而今也广大，昔者暗昧而今也明察，是心知之得其养也，故曰"虽愚必明"。人之血气心知，其天定者往往不

---

① 《孟子·告子上》："故有物必有则。"

齐，得养不得养，遂至于大异。苟知问学犹饮食，则贵其化，不贵其不化。记问之学，入而不化者也。自得之，则居之安，资之深，取之左右逢其源，我之心知，极而至乎圣人之神明矣。神明者，犹然心也，非心自心而所得者藏于中之谓也。心自心而所得者藏于中，以之言学，尚为物而不化之学，况以之言性乎！

【译 文】

问八：学者多记住古人有道德的言论和行事，可以补充自己的不足之处。宋儒说"理从天上得来而藏于人心中"①。大概是因为他们在学习中把从古代圣贤那儿所得到的藏在心中，所以〔把人和天〕相提并论而提出这一说法的吧？

答：人的肉体气质和心的知觉根源于阴阳二气和五行之气，形成人的本性。例如肉体通过饮食得到营养，经过变化，就成为我的肉体，不再是所饮食的东西了；心的知觉吸取学问，在心中形成认识和理解，也〔与饮食成为我的身体〕是同样的。以肉体说，过去弱小现在强壮，是由于肉体得到营养；以心的知觉说，过去范围狭隘而现在广博，过去不清楚而现在明白，是由于心的知觉得到了营养，所以说"虽然愚昧一定会明白"②。

---

① 此朱熹语，见《朱子语类》卷九十八。
② 原文见《中庸》第二十章。

人的肉体与心知，先天所定的往往不一样，〔再加上〕是否得到营养，以至有很大差别。如果知道学习犹如饮食一样，那就会注重〔学习以后〕能够消化，而不是不能消化。专靠背诵的学问，是进入心中不能消化的。自己领悟的认识，就很稳定、可靠，运用时没有穷尽，好像左右都是泉水可以汲取一样。① 我的心的知觉发展到极点时，就接近圣人〔无所不知的〕神明境地了。神明实际就是心的知觉，并非说心是另外一个东西，而所得到的知识藏于其中。用心是另外的东西，而得到的知识藏在心里面这种说法来论学习，也不过是生硬不能消化的学问，更不必提用这说法来论人性了！

【问答九提要】

首先，论天理与人欲，引证《孟子》，指出欲不可无而是要寡欲。列举老、庄、释以及宋儒主张无欲的观点而加以分析批评。其次，列举记载，说明程朱的无欲主张是杂老、释之言以为言。最后，正面论述作者的社会政治思想是"体民之情，遂民之欲"，同时谴责有权势者假借"存天理，灭之欲"的名义，对人们迫害，其祸甚巨。

---

① 这段话原文为"自得之，则居之安，资之深，取之左右逢其源"。这是节录《孟子·离娄下》"自得之则居之安，居之安则资之深，资之深则取之左右逢其源。故君子欲其自得之也"一段。

【原文】

问：宋以来之言理也，其说为"不出于理则出于欲，不出于欲则出于理"，故辨乎理欲之界，以为君子小人于此焉分。今以情之不爽失为理，是理者存乎欲者也，然则无欲亦非欤？

曰：孟子言"养心莫善于寡欲"，明乎欲不可无也，寡之而已。人之生也，莫病于无以遂其生。欲遂其生，亦遂人之生，仁也；欲遂其生，至于戕人之生而不顾者，不仁也。不仁，实始于欲遂其生之心；使其无此欲，必无不仁矣。然使其无此欲，则于天下之人，生道穷促，亦将漠然视之。己不必遂其生，而遂人之生，无是情也，然则谓"不出于正则出于邪，不出于邪则出于正"，可也；谓"不出于理则出于欲，不出于欲则出于理"，不可也。欲，其物；理，其则也。不出于邪而出于正，犹往往有意见之偏，未能得理。而宋以来之言理欲也，徒以为正邪之辨而已矣，不出于邪而出于正，则谓以理应事矣。理与事分为二而与意见合为一，是以害事。夫事至而应者，心也；心有所蔽，则于事情未之能得，又安能得理乎！

自老氏贵于"抱一"，贵于"无欲"，庄周书则曰："圣人之静也，非曰静也善，故静也；万物无足以挠心者，故静也。水静犹明，而况精神，圣人之心静乎！夫虚静恬淡，寂寞无为者，天地之平，而道德之至。"周子《通书》曰："'圣可学乎？'曰，'可'。'有要乎？'曰，'有。''请问焉。'曰，'一为要。一者，无欲也；无欲则静虚动直。静虚则明，明则通；动直则公，公则溥。明通公溥，庶矣哉！'"此即老、庄、释氏之说。

朱子亦屡言"人欲所蔽"，皆以为无欲则无蔽，非《中庸》"虽愚必明"之道也。有生而愚者，虽无欲，亦愚也。凡出于欲，无非以生以养之事，欲之失为私，不为蔽。自以为得理，而所执之实谬，乃蔽而不明。天下古今之人，其大患，私与蔽二端而已。私生于欲之失，蔽生于知之失；欲生于血气，知生于心。因私而咎欲，因欲而咎血气；因蔽而咎知，因知而咎〔心〕，老氏所以言"常使民无知无欲"。彼自外其形骸，贵其真宰。后之释氏，其论说似异而实同。

宋儒出入于老释，程叔子撰《明道先生行状》云："自十五六时，闻周茂叔论道，遂厌科举之业，慨然有求道之志，泛滥于诸家，出入于老释者几十年，返求诸六经，然后得之。"吕与叔撰《横渠先生行状》云："范文正公劝读《中庸》，先生读其书，虽爱之，犹以为未足，又访诸释老之书，累年，尽究其说，知无所得，返而求之六经。"《朱子语类》廖德明《录癸巳所闻》："先生言：二三年前见得此事尚鹘突，为他佛说得相似，近年来方看得分晓。"考朱子慕禅学在十五六时。年二十四，见李愿中，教以看圣贤言语，而其后复入于释氏。至癸已,年四十四矣。故杂乎老释之言以为言。

《诗》曰:"民之质矣,日用饮食。"《记》曰:"饮食男女,人之大欲存焉。"圣人治天下,体民之情,遂民之欲,而王道备。人知老、庄、释氏异于圣人,闻其无欲之说,犹未之信也;于宋儒,则信以为同于圣人;理欲之分,人人能言之。故今之治人者,视古贤圣体民之情,遂民之欲,多出于鄙细隐曲,不措诸意,不足为怪;而及其责以理也,不难举旷世之高节,著于义而罪之。尊者以理责卑,长者以理责幼,贵者以理责贱,虽失,谓之顺;卑者、幼者、贱者以理争之,虽得,谓之逆。于是下之人不能以天下之同情、天下所同欲达之于上;上以理责其下,而在下之罪,人人不胜指数。人死于法,犹有怜之者;死于理,其谁怜之!呜呼,杂乎老释之言以为言,其祸甚于申韩如是也!

《六经》、孔、孟之书,岂尝以理为如有物焉,外乎人之性之发为情欲者,而强制之也哉!孟子告齐梁之君,曰"与民同乐",曰"省刑罚,薄税敛",曰"必使仰足以事父母,俯足以畜妻子",曰"居者有积仓,行者有裹(囊)〔粮〕",曰"内无怨女,外无旷夫",仁政如是,王道如是而已矣。

【译文】

问九:宋朝以来〔的儒者〕谈到理时,他们的说法是

"人之行为不是从理出发就是从欲出发,不是从欲出发便是从理出发"①,从而划出理和欲的界限来区分君子与小人。现在你说对于实际情况不出差误叫作理,那么理是存在于人的情欲中的。果真这样,那〔宋儒所主张的〕"消除欲望"不就是错误的吗?

答:孟子说"修养身心最好是减少欲望"②,这说明欲望不可以消除,只是要减少而已。人生最大的危害就是无法维持生存。要维持自己的生存,也维持别人的生存,这就是仁;要维持自己的生存,以致残害别人的生存,这就是不仁。不仁实际上开始于要维持自己生存的意识,如果没有这种欲望,必然不会有不仁的表现了。然而如没有生存的欲望,那么对于天下人的穷困贫乏也将冷淡对待。自己不要生存,而要维持别人的生存,这种情况是没有的。由此可说"〔凡事〕不出于正当就出于邪恶,不出于邪恶就出于正当"是可以的;而说"不出于理就出于欲,不出于欲就出于理"是不可以的。〔这是因为〕欲望是一个事物,而理是事物的规则。〔人的动机〕不出于邪恶而出于正当,往往还是会产生偏差的意见,不能够掌握理。而宋朝以来〔儒者〕谈论理和欲,不过是将其作为正和

---

① 此处原文是"不出于理则出于欲,不出于欲则出于理"。朱熹曾说:"人只有个天理、人欲,此胜则彼退,此退则彼胜。"又说:"人之一心,天理存则人欲亡,人欲胜则天理灭。"均见《朱子语类》卷十三。
② 原文是"养心莫善于寡欲",见《孟子·尽心下》。

邪的区分而已①。〔他们认为〕不出于邪恶而出于正当，那就是用理来处理事情了。把理与〔客观的〕事情分为两截，而与〔主观的〕意见合在一起，所以有害于处事。事情到来而产生反应的是心，心受到蒙蔽时就不能掌握事情，又怎能掌握理呢？

从老子开始重视"抱一"②，重视"无欲"③，庄周的书中就说："圣人的清静，不是指静是美好的，所以才清静；而是〔为了使外界〕万物不能够搅乱心意，所以要清静。水静了尚且明亮，何况〔人的〕精神，圣人的心是多么清净啊！清虚淡漠、寂静无为是天地的正常状态和道德的最高境界。"④ 周敦颐⑤的《通书》中说："可以学习达到圣人吗？"答："可以。""有要点吗？"答："有。""请问是什么？"答："要点是一。一就是消除欲望；无欲就能在静的时候心里清虚，在动的时候行为正直。虚静能使心中明澈，心中明澈就能通晓〔一切事物〕；行为正直就能公平，公平就能使所有人普遍得益。

---

① 《朱子语类》卷一一三："人之思虑，有邪有正。"
② 《老子》第十章："载营魄抱一。"魏源注："载，犹处也。营魄即魂魄。魄即是一。专一纯固，无所发露。"这里反映出老子清净无为的思想。
③ 《老子》第三章："常使民无知无欲。"王弼注："守其真也。"魏源注："无知无欲则无为。"
④ 庄周即庄子。原文见《庄子·天道篇》。
⑤ 周敦颐（1017—1073），字茂叔，号濂溪，北宋道学创始人之一，著有《太极图识》《通书》。

〔能达到〕明澈、通晓、公平、普及,这样〔学习圣人〕就差不多了!"① 这些就是老子、庄子和佛教的说法。

朱子也多次提到"人欲所蒙蔽"的话,都是认为没有欲望就不会受蒙蔽。② 这不符合《中庸》所说"〔通过学习〕虽然愚昧一定会明白"的道理。有人生出来就愚昧,即使没有欲望也是愚昧的。凡是与欲望有关的,都是在生存及养育中有所要求的事。欲望不能正确处理,是由于私念,不是由于蒙蔽。自己认为得到了理,而所主张的实际是谬误,这就使认识受到蒙蔽,不能看清事情。天下古今的人,最大的病患在于私和蔽两个方面而已。私产生于欲望不能正确处理,蔽产生于认识的错误;欲望生于肉体,知觉生于心。因为有私而埋怨欲望,因为有欲望而埋怨肉体;由于蒙蔽而归咎于知觉,由于知觉〔不清〕而归咎于心,这就是老子之所以说"要常让老百姓没有知识,没有欲望"的原因。他们把自己隔离到自己的形体以外,而重视他们的"真正主宰"③。后来佛教的说法好像〔与这些〕不一样,实际上是相同的。

---

① 原文见《通书·圣学》第二十章。
② 可参阅朱熹说,"仁之本体把捉不定者,私欲夺之"(《朱子语类》卷十二《持守》),"不为物欲所昏,则浑然天理矣"(同上书卷十三《力行》),"道心虽微,然非人欲乱之,亦不甚难见"(《朱子文集》卷五十九《答赵恭父》)。
③ "真正主宰",原文作"真宰",《庄子·齐物论》"若有真宰而特不得其朕。"王先谦注:"若有真为主宰者,然而其朕迹不可得见。"

宋代儒者钻研老子与佛教思想（程叔子作《明道先生行状》①，其中说："〔明道〕从十五六岁时开始听周茂叔②讲圣人之道，于是厌弃科举事业，发愤而产生求得圣道的志愿。广泛阅读各家著作，在老子和佛教思想中出出进进将近有十年。回过头来向《六经》求索，然后得到了〔圣人之道〕。"吕与叔作《横渠先生行状》③说："范文正④劝〔横渠先生〕读《中庸》，先生读了这书，虽然喜爱，但还认为不够。又到佛教和老子的书中去寻求，经过多年，穷尽他们的说法，知道没有什么收获，再回头到《六经》中探求。"编《朱子语类》的廖德明在《录癸巳所闻》中记载："朱子称：两三年前对这问题还不太清楚，因为佛教的说法〔与儒学〕也有类似之处，近年来才看得清楚明白。"⑤现在查考到朱子钦慕佛教禅宗的学说是在十五六岁时，二十四岁时见到李愿中⑥，他教

---

① 程叔子即程颐（1033—1107），明道先生即程颢（1032—1085），二程是北宋道学主要代表。《明道先生行状》见程颐《伊川文集》卷七。
② 周茂叔即周敦颐。
③ 吕与叔即吕大临，是张载与二程的学生，见《宋元学案》卷三十一。横渠先生即张载（1020—1077），北宋道学家。《横渠先生行状》见张载《张子全书》附录。
④ 范文正公即范仲淹（989—1052），他与道学的关系见《宋元学案》卷三《高平学案》。
⑤ 廖德明是朱熹学生，他所记载见《朱子语类》卷一一三。
⑥ 李愿中即李侗（1088—1158），是朱熹少年时的老师。

〔朱子〕学习圣贤的论说。〔朱子〕之后又转入佛学。到癸巳年①,〔朱子〕已经四十四岁了),所以在言论中掺杂了老子、佛教的言论。

　　《诗经》说:"老百姓是朴实的,每天吃喝过日子。"②《礼记》说:"饮食以及男女结合是人生最大的欲望所在。"③圣人治理天下,体贴人民的实际情况,顺应人民的欲望,这样圣人王者的道理就完备了。人们知道老子、庄子和佛教与圣人不同,听到他们"无欲"的说法还不能相信。对于宋朝的儒者,人们相信他们,以为他们与圣人一样,所以〔宋儒对于〕理和欲的划分,人人都能说。所以今天统治者认为古代圣贤体贴和满足百姓的要求是琐细微末的事,对〔百姓的要求〕不加注意也就不值得诧异了。然而当他们用"理"来责备他人时,很容易举出历代少有的道德高尚的人,以"义"作为标准而加诸罪名。地位高的用理来责备地位低的,年龄大的用理来责备年龄小的,尊贵的人用理来责备低贱的,虽然错了,也被认为是正常的;地位低的、年龄小的、低贱的人用理来争辩,虽然对了,也被认为是反常的。因此地位低下的人不能够把天下人共同的情实和要求转达给在上位的人;在上位的人用理来责备地位低下的人,下面人的罪名,大家数也数不清。一个人因犯法而死,还有同情他的人;一个人在理的名义下死

---

① 癸巳年是南宋孝宗干道九年(1173)。
② 原文见《诗经·小雅·天保》,又见本篇问答七。
③ 原文见《礼记·礼运》。

去，有谁还同情他呢？啊！掺杂了老子和佛教的说法而形成的言论，它的祸患比申不害、韩非①等还要厉害！情况就是这样。

《六经》和孔、孟的书中何尝认为理是一个脱离人性所表现的感情欲望〔而独立存在的东西〕，并且用强制手段来推行呢？孟子告诉齐国、梁国的国王说，"要与老百姓共同快乐"，又说"减少刑罚，降低税收"，又说"一定要使他们对上能够事奉父母，对下能够养活妻子、儿女"，又说"住在当地的有积蓄和仓储，出外旅行的带着包裹和粮食"，又说"家中没有年长而未嫁的女子，在外没有不结婚的男子"，② 仁爱的政治就是这样，古代先王的道理也就是这样罢了。

【问答十提要】

说明理欲的关系不是正与邪的区分，人的欲望是性所决定的，但是需要节制。节欲而不穷尽人欲，即是天理。

【原　文】

问：《乐记》言灭天理而穷人欲，其言有似于以理欲为邪正之别，何也？

---

① 申不害、韩非是战国时著名的法家人物。
② 孟子的话均见《孟子·梁惠王》上、下两篇。

曰：性，譬则水也；欲，譬则水之流也；节而不过，则为依乎天理，为相生养之道，譬则水由地中行也；穷人欲而至于有悖逆诈伪之心，有淫泆作乱之事，譬则洪水横流，汛滥于中国也。圣人教之反躬，以己之加于人，设人如是加于己，而思躬受之之情，譬则禹之行水，行其所无事，非恶汛滥而塞其流也。恶汛滥而塞其流，其立说之工者且直绝其源，是遏欲无欲之喻也。"口之于味也，目之于色也，耳之于声也，鼻之于臭也，四肢之于安佚也"，此后儒视为人欲之私者，而孟子曰"性也"，继之曰"有命焉"。命者，限制之名，如命之东则不得而西，言性之欲之不可无节也。节而不过，则依乎天理；非以天理为正，人欲为邪也。天理者，节其欲而不穷人欲也。是故欲不可穷，非不可有；有而节之，使无过情，无不及情，可谓之非天理乎！

【译文】

问十：《乐记》说〔人受外界事物影响，不加节制，就将要〕灭没天理而放纵人欲①，这话好像把理和欲的区分认为是邪与正的区分，这是为什么呢？

答：人性可以比喻成水，人的欲望可比喻为水的流动，〔对欲望〕有节制而不过分，就是顺从天理，体现共同生存与

---

① 原文见《礼记·乐记》，又见本篇问答一。

抚养的道理，如同水在地上流行一样；穷尽人欲，甚至产生背叛欺诈之心，做出放荡暴乱的事情，这就好像洪水冲出地面，泛滥于全国。圣人教导人回头反省一下自己对他人的行为，如果他人也同样对待我，我的切身感受是什么〔，这样事情就妥善了〕。比如禹疏导河水，在办事时好像没有事一样。① 而并非因憎恶洪水泛滥而堵塞水的流动。如果憎恶洪水泛滥而堵塞水流，甚至如有些议论精巧的人所主张的直接消灭水源，这就好像〔对人们要求〕遏制欲望和消除欲望一样。"口对于美味，眼睛对于颜色，耳对于声音，鼻对于气味，四肢对于舒适"，这些都是后儒看成属于私心的人欲，而孟子说"是人的本性"，继而说"是有命规定的"。② 命是限制的概念，如命令往东，就不能往西，这说明人性所表现的欲望不可以没有节制。有节制而不过分，就是顺从天理；并不是〔像宋儒那样〕以天理为正当，以人的欲望为邪恶〔，把二者对立起来〕。天理就是节制欲望而不放纵人欲。所以说欲望不可以穷尽，但不是不能有；有了欲望而适当控制，使它不要过头也不要不足，能说这不是天理吗？

---

① 戴震原文是"譬则禹之行水，行其所无事"。这是借用《孟子·离娄下》"禹之行水也，行其所无事也"句。
② 孟子原文见《尽心》篇上。

【问答十一提要】

对《中庸》中"戒慎""恐惧""慎独"等概念进行分析,指出如有偏见、疏忽或虚伪都不能得到理。

【原文】

问:《中庸》言"君子戒慎乎其所不睹,恐惧乎其所不闻",言"君子必慎其独",后儒因有存理遏欲之说。今曰"欲譬则水之流",则流固不可塞;诚使水由地中行,斯无往不得其自然之分理;存此意以遏其汎滥,于义未为不可通。然《中庸》之言,不徒治之于汎滥也,其意可得闻欤?

曰:所谓"戒慎恐惧"者,以敬肆言也。凡对人者,接于目而睹,则戒慎其仪容;接于耳而闻,则恐惧有愆谬。君子虽未对人亦如是,盖敬而不敢少肆也,篇末云"君子不动而敬,不言而信"是也。所谓"慎独"者,以邪正言也。凡有所行,端皆起于志意,如见之端起于隐,显之端起于微,其志意既动,人不见也,篇末云"君子内省不疚,无恶于志,君子之所不可及者,其唯人之所不见乎"是也。盖方未应事,则敬肆分;事至而动,则邪正分。敬者恒自检柙,肆则反是;正者不牵于私,邪则反是。必敬必正,而意见或偏,犹未能语于得理；虽智足以得理，而不敬则多疏失，不正则尽虚伪。三者，一虞于疏，一严于伪，一患于偏，各有所取也。

【译 文】

问十一：《中庸》说"君子对于所做的事，在他人看不见的地方，也要认真谨慎，在他人听不到的时候，也要小心警惕"，又说"君子在单独一人时必须谨慎"。① 后来的儒者因此才提出保存天理，遏制人欲的主张。现在你说"人的欲望如同水的流动"，水流当然是不能堵塞的。如果让水在地面流动，那么不论流到哪里，都符合自然的条理，这样防止水的泛滥，在道理上也不是说不通。然而《中庸》所说的，不仅是在大水泛滥时加以防治。它的意思你可以解释一下吗？

答：《中庸》所谓"谨慎小心"，是对思想要肃敬而不要放肆来说的。在与他人接触时，别人眼睛可以看到我，我就要事先准备，端正自己的仪表行为；别人耳朵可以听到我，我就要小心，不要发生过失和错误。一个君子仁人，即使在不接触他人时也是这样做的，因为他态度肃敬，不敢稍微放肆。这就是《中庸》最后所说的"君子在还没有行动时，就有端庄严肃的态度；还没有说话以前，就使人们信服"②。

所谓"慎独"，是从正直与邪恶的区分来说的。凡是有所

---

① 原文见《中庸》第一章。
② 原文见《中庸》第三十三章。

行动，开始都是由心意和愿望引起的。例如现象的显露开始于隐蔽的愿望，明显的事情开始于心中微小的意念。心意和愿望产生以后，人们是看不见的。〔《中庸》〕最后一章所说的"君子向内反省而不愧疚，也没有罪恶的意志，君子的思想之所以超出一般人，就在于人们所看不到的地方"①，就是指这一情况。这是因为当还没有接触事物时，已有肃敬和放肆的区分；事情到来而需要行动时，就产生正直和邪恶的区分。态度肃敬的人经常检点、约束自己，那些放肆的人恰巧相反；正直的人不被私念所牵引，而邪恶的人也正相反。即使经常保持肃敬端庄、保持正直，而意见一旦有偏差时，也不能说合理；虽然智力能认识到事情的条理，但如果不严肃认真就会有疏忽和失误，如果不正直，那么处理事情时都是虚伪的。以上三种情况，一种要注意避免疏忽，一种要严正对待虚伪，一种要防止产生偏差，各有需要注意的方面。

【问答十二提要】

再一次指出宋儒所谓的"理"即是老、庄、释氏所谓"真宰""真空"的变相。同时正面论述"有物有则"，指出"物"是自然的实体实事，"理"是必然的规律。

---

① 原文见《中庸》第三十三章。

【原 文】

问：自宋以来，谓"理得于天而具于心"，既以为人所同得，故于智愚之不齐归诸气禀，而敬肆邪正概以实其理欲之说。

老氏之"抱一""无欲"，释氏之"常惺惺"，彼所指者，曰"真宰"，曰"真空"，庄子云：'若有真宰而特不得其朕。"释氏书云："即此识情，便是真空妙智。"又云："真空则能摄众有而应变。"又云："湛然常寂，应用无方，用而常空，空而常用。用而不有，即是真空；空而不无，即成妙有。"而易以理字便为圣学。既以理为得于天，故又创理气之说，譬之"二物浑沦"；《朱子语录》云："理与气决是二物，但在物上看，则二物浑沦，不可分开各在一处，然不害二物之各为一物也。"于理极其形容，指之曰"净洁空阔"；问"先有理后有气"之说。朱子曰："不消如此说。而今知他合下先是有理后有气邪？后有理先有气邪？皆不可得而推究。然以意度之，则疑此气是依傍道理行[1]，及此气之聚，则理亦在焉。盖气则能凝结造作，理却无情意，无制度[2]，无造作，止此气凝聚处，理便在其中。且如天地间人物草木禽兽，其生也莫不有种；定不会无种了，白地生出一个物事；这个都是气。若理则止是个净洁空阔底世界，无形迹，他却不会造作，气则能酝酿凝聚生物也。"不过就老、庄、释氏所谓"真宰""真空"者转之以言夫理，就老、庄、释氏之言转而为《六经》、孔、孟之言。今何以剖别之，使截然不相淆惑欤？

曰：天地、人物、事为，不闻无可言之理者也，《诗》曰"有物有则"是也。物者，指其实体实事之名；则者，称其纯粹中正之名。实体实事，罔非自然，而归于必然，天地、人物、事为之理得矣。夫天地之大，人物之蕃，事为之委曲条分，苟得其理矣，如直者之中悬，平者之中水，圆者之中规，方者之中矩，然后推诸天下万世而准。

《易》称"先天而天弗违，后天而奉天时；天且弗违，而况于人乎，况于鬼神乎"，《中庸》称"考诸三王而不谬，建诸天地而不悖，质诸鬼神而无疑，百世以俟圣人而不惑"。夫如是，是为得理，是为心之所同然。

孟子曰："规矩，方圆之至也；圣人，人伦之至也。"语天地而精言其理，犹语圣人而言乎其可法耳。尊是理，而谓天地阴阳不足以当之，必非天地阴阳之理则可。天地阴阳之理，犹圣人之圣也；尊其圣，而谓圣人不足以当之，可乎哉？

圣人亦人也，以尽乎人之理，群共推为圣智。尽乎人之理非他，人伦日用尽乎其必然而已矣。推而极于不可易之为必然，乃语其至，非原其本。后儒从而过求，徒以语其至者之意言思议视如有物，谓与气浑沦而成，闻之者习焉不察，莫知其异于《六经》、孔、孟之言也。举凡天地、人物、事为，求其必然不可易，理至明显也。从而尊大之，不徒曰天地、人物、事为之理，而转其语曰"理无不在"，视之"如有物焉"，将使学者皓首茫然，求其物不得。非《六经》、孔、孟之言难知也，传注相承，童而习之，不复致思也。

【注　释】

［1］冒按："道理"，《朱子语类》卷一原文作"这理"。当依改。

［2］冒按："无制度"，《朱子语类》卷一原文作"无计度"。当依改。

【译　文】

　　问十二：宋朝以来〔的儒者〕说"理是从上天得来而存在人心中"，既然以为理是人人都具有的，所以智者和愚者的差别便被认为是气质禀性不同，又把肃敬与放肆以及正直与邪恶等概念都用来充实他们关于理和欲的学说。

　　老子的"抱一""无欲"①，佛教的"常惺惺"②，其所指

---

① "抱一"见《老子》第十章、第二十二章，"无欲"见《老子》第三章。
② 《五灯会元》卷七《瑞岩师彦禅师》："每自唤主人公，复应诺，乃曰：惺惺着，他后莫受人谩。"谢良佐《上蔡语录》卷中也记此事。

的乃是"真宰""真空"①(庄子说:"好像有一个万物的主宰而看不到它的形迹。"②佛教的书中说:"按照这样的认识,就达到了对真空的深微的体会。"③又说:"真空就能包括一切存在,对待所有变化。"④又说:"安定而沉寂〔的真空状态〕,它所应接和对待的〔一切事物〕是无穷尽的。对待一切,而一切常是空的。一切是空的,却经常对待它们。对待一切,而一切〔实际上〕是空的,这就是真空;是空,而〔现象上〕不是无有,那就成为一种微妙的有"⑤),〔后儒〕将这些改为"理"字,便〔混淆而〕成为圣人的学说。他们以为理是从上天得到的,所以又创立理与气的说法,用"二物浑沦"来譬喻(《朱子语类》说:"理与气必定是两个东西,但从事物上面看,两个东西混合在一起,不能分开来各在一处,然而这不妨碍两个东西各自独立存在"⑥)。对于理则尽量作出描述,形容理是"无声无臭而又广阔无限的"(有人问〔朱子〕关于"先有理后有气"的学说。朱子说:"不用这样提出。现在要弄清最初到底是先有理后有气,还是先有气后

---

① "真宰",真正的主宰,见《庄子·齐物论》。"真空",佛学名词,超出一切色想行识的实相。
② 原文见《庄子·齐物论》。
③ 原文见大慧宗杲《与曾天游侍郎第二书》。
④ 原文见《朱子语类》卷一二六《释氏》。
⑤ 原文见神会《显宗记》,《景德传灯录》卷三十。
⑥ 原文见《朱子文集》卷四十六《答刘叔文》。戴文中记这一段出于《朱子语类》,待查。

有理，都已不可能了。然而推测一下，我怀疑气是依附着理在活动，等到气凝聚成形时，那个理也同时存在了。因为气能凝结形成〔各种事物〕，而理则没有感情意志，不会思虑，也不能产生事物。只是在气凝聚成形的地方，理便存在于其中。再说天地之间的人物草木鸟兽，它们的繁殖也是有种类的，一定不会没有种类，凭空生出一个事物来，这些都是由于气的作用。至于理仅仅是纯粹广阔无垠的场合，无形无迹也不会制造出事物来，气则能酝酿结聚而产生事物"①）。这不过是把老、庄、佛教对"真宰""真空"所作的解说转用来说理，把老、庄、佛教的言论转变为《六经》、孔子、孟子的言论。现在怎样来分析判别，使〔两种言论〕不相混淆而避免疑惑呢？

答：天地、人物以及一切事件没有不能用理来说明的。《诗经》说"有一物就有一物的法则"②就是指这种情况。"物"是指实在形体和实际情况的一个词。"则"就是指〔反

---

① 原文见《朱子语类》卷一《理气上》。
② 原文见《诗经·大雅·烝民》。

映实体实事〕准确而没有偏差的一个词。① 实体实事都是自然的客观存在,〔在发展中〕又都有一定的必然结果。天地、人物以及一切事情的理就是这样得到和掌握的。说到天地的广大,人和物的众多,事事的曲折细密,如果掌握到它们的理,那么〔事物和事物的理的一致性〕如同直的像悬一条线那样直,平的像水一样平,圆的如圆规划出的一样圆,方的如矩尺划出的一样方。进一步演绎到天下万世以后,〔事与理的吻合〕也都这样准确。

《易经》说"在天的现象表现以前有所行动,而不遇到天的违背。在天象显示以后,按照天时行事。天都不违背你,不用说人,更不用说鬼神了"②,《中庸》说"用古代三王的道理来考校而没有差错,向整个天下推行而没有抵触,向鬼神请教,回答也肯定无疑,等待百世以后的圣人来检验,也不会有疑惑"③。达到这种情况,就是掌握了理,就是人们心中的一

---

① 这句原文是"则者,指其纯粹中正之名"。《易经·乾文言》说:"刚健中正、纯粹精也。"这是对《乾》卦的性质与运动的形容,戴震用"纯粹中正"来形容事物运行的规则。在《戴东原集》卷八《原善上》中说:"善,言乎无淆杂也",又说"善则其中正无邪也。""无淆杂""无邪"就是"纯粹中正",也就是戴震对事物运动的准确性和必然性的形容。参照戴震《原善下》:"纯懿中正,道之则也。"又参照本书卷下《道》篇前言:"曰仁,曰礼,曰义,称其纯粹中正之名。"
② 原文见《易经·乾卦·文言》。
③ 原文见《中庸》第二十九章。

致认识。孟子说:"圆规和矩尺是方和圆的确切标准,圣人是人与人之间关系的最高榜样。"① 对于天地自然界,准确地见到它的有条理,如同说到圣人而认为他的一切可作为法则来遵循一样。尊崇理却又认为天地阴阳都不能够代表,那么除非这理不属于天地阴阳的理才能讲通。天地阴阳的理,犹如圣人的圣明智慧。尊崇圣智,而说圣人不能具有,可以这样说吗?

圣人也是人。由于他充分体现了人的道理而众人共同认为他是圣智。充分发挥人的道理而不是别的,就是在人们生活相处中尽量按必然的法则办事罢了。〔对于一切事物,〕推论到最后,看到它不能改变的法则叫作必然。这是指事物发展到最后的结论,而不是事物开始时的来源。后代儒者超越实际去求索,把事物发展到最后的情况反映在人们心中的意念思维,看成好像一个东西,说这个东西与〔物质性的〕气囵囵混合在一起。听的人习惯了不加考察,不知道这些说法与《六经》、孔、孟的说法是不同的。在天地、人物和一切事情中找出它们必然不可改变的规律,这道理很清楚。〔后儒〕因而进一步推崇这个理,不仅说天地、人物、事情所具有的理,还转过话来说"理是无所不在的",把它看成"好像一个东西",这将使学习的人到头发白了也不懂,追求这个东西却找不到。不是因为《六经》、孔、孟的言语不容易理解,而是从小就学习〔后

---

① 原文见《孟子·离娄上》。

儒〕传承的注释解说①，而不再加以思考辨别的缘故。

【问答十三提要】

列举老子、庄子、佛教以及陆象山、王阳明等的理论，论证宋儒对于"理"的见解是杂糅老、庄、释之说附会而成，所以程朱分理与气为"二本"。

【原文】

问：宋儒以理为"如有物焉，得于天而具于心"，人之生也，由气之凝结生聚，而理则凑泊附着之，朱子云："人之所以生，理与气合而已。天理固浩浩不穷，然非是气，则〔虽〕有是理而无所凑泊，故必二气交感，凝结生聚，然后是理有所附着。"因以此为"完全自足"，程子云："圣贤论天德，盖自家元是天然完全自足之物，若无所污坏，即当直而行之；若少有污坏，即敬以治之，使复如旧。"如是，则无待于学。然见于古贤圣之论学，与老、庄、释氏之废学，截然殊致，因谓"理为形气所污坏，故学焉以复其初"。朱子于《论语》首章，于《大学》"在明明德"，皆以"复其初"为言。"复其初"之云，见庄周书。《庄子·缮性篇》云："缮性于俗学以求复其初，滑欲于俗知以求致其明，谓之蔽蒙之民。"又云："文灭质，博溺心，然后民始惑

---

① 指宋儒程朱对经典的注释。

乱，无以返其性情而复其初。"盖其所谓理，即如释氏所谓"本来面目"，而其所谓"存理"，亦即如释氏所谓"常惺惺"。释氏书云："不思善，不思恶，时认本来面目。"上蔡谢氏曰："敬是常惺惺法。"王文成解《大学》"格物致知"主扞御外物之说，其言曰："本来面目，即吾圣门所谓良知。随物而格，是致知之功。"岂宋以来儒者，其说尽援儒以入释欤？

曰：老、庄、释氏以其所谓"真宰""真空"者为"完全自足"，然不能谓天下之人有善而无恶，有智而无愚也，因举善与智而毁訾之。老氏云："绝学无忧。唯之与阿，相去几何？善之与恶，相去何若？"又云："以智治国，国之贼；不以智治国，国之福。"又云："古之善为道者，非以明民，将以愚之。"彼盖以无欲而静，则超乎善恶之上，智乃不如愚，故直云"绝学"，又（生）〔主〕"绝圣弃智"，"绝仁弃义"，此一说也。

荀子以礼义生于圣心，常人学然后能明于礼义，若顺其自然，则生争夺。弗学而能，乃属之性；学而后能，不得属之性，故谓性恶。而其于孟子言性善也辩之曰："性善，则去圣王，息礼义矣；性恶，则兴圣王，贵礼义矣。"此又一说也。

荀子习闻当时杂乎老、庄、告子之说者废学毁礼义，而不达孟子性善之旨，以礼义为圣人教天下制其性，使不至争夺，而不知礼义之所由名。老、庄、告子及后之释氏,乃言如荀子所谓"去圣王,息礼义"耳。

程子、朱子谓气禀之外,天与之以理,非生知安行之圣人,未有不污坏其受于天之理者也,学而后此理渐明,复其初之所受。是天下之人,虽有所受于天之理,而皆不殊于无有,此又一说也。

今富者遗其子粟千钟,贫者无升斗之遗;贫者之子取之宫中无有,因日以其力致升斗之粟;富者之子亦必如彼之日以其力致之,而曰所致者即其宫中者也,说必不可通,故详于论敬而略于论学。如程子云"敬以治之,使复如旧",而不及学;朱子于《中庸》"致中和",犹以为"戒惧慎独"。

陆子静、王文成诸人,推本老、庄、释氏之所谓"真宰""真空"者,以为即全乎圣智仁义,即全乎理,陆子静云:"收拾精神,自作主宰,万物皆备于我,何有欠阙!当恻隐时,自然恻隐;当羞恶时,自然羞恶;当宽裕温柔时,自然宽裕温柔;当发强刚毅时,自然发刚强毅。"王文成云:"圣人致知之功,至诚无息。其良知之体,皦如明镜,妍媸之来,随物现形,而明镜曾无所留染,所谓'情顺万事而无情'也。'无所住(以)〔而〕生其心',佛氏曾有是言,未为非也。明镜之应,妍者妍,媸者媸,一照而皆真,即是'生其心'处;妍者妍,媸者媸,一过而不留,即'无所住'处。"此又一说也。

程子、朱子就老、庄、释氏所指者,转其说以言夫理,非援儒而入释,误以释氏之言杂入于儒耳;陆子静、王文成诸人就老、庄、释氏所指者,即以理实之,是乃援儒以入于释者也。试以人之形体与人之德性比而论之，形体始乎幼小，终乎长大；德性始乎蒙昧，终乎圣智。其形体之长大也，资于饮食之养，乃长日加益，非"复其初"；德性资于学问，进而圣智，非"复其初"明矣。

人物以类区分，而人所禀受，其气清明，异于禽兽之不可开通。然人与人较，其材质等差凡几？古贤圣知人之材质有等差，是以重问学，贵扩充。老、庄、释氏谓有生皆同，故主于去情欲以勿害之，不必问学以扩充之。在老、庄、释氏既守己自足矣，因毁訾仁义以伸其说。

荀子谓常人之性，学然后知礼义，其说亦足以伸。陆子静、王文成诸人同于老、庄、释氏，而改其毁訾仁义者，以为自然全乎仁义，巧于伸其说者也。程子、朱子尊理而以为天与我，犹荀子尊礼义以为圣人与我也。谓理为形气所污坏，是圣人而下形气皆大不美，即荀子性恶之说也；而其所谓理，别为凑泊附着之一物，犹老、庄、释氏所谓"真宰""真空"之凑泊附着于形体也。理既完全自足，难于言学以明理，故不得不分理气为二本而咎形气。盖其说杂糅傅合而成，令学者眩惑其中，虽《六经》、孔、孟之言具在，咸习非胜是，不复求通。呜呼，吾何敢默而息乎！

【译文】

问十三：宋儒认为理"如同一个东西,从天上得来而存在于心中"。人初生时,由于气的凝结而产生〔形体〕,而理就凑合依附上去(朱子说:"人之所以产生,就是理和气的结合。天的理本来是广大没有穷尽的,然而如果不是这个气,有这理也没有地方结合。所以一定要在阴阳二气互相感应,凝结成形以后,这个理才有所依附"①),因此认为理是"完全自足"②的(程子③说:"圣贤论天所给予的美德,认为这些德性本来是天然的,完全是自我具备的东西。如果不受到外界事物的污染败坏,就应当径直按照这些德性的规定行事;如果稍有污坏,就要严敬端庄地修养治理,使这些德性恢复原来的状态"④),照这样说,〔道德习性的获得〕就不需要学习了。然而〔宋儒〕看到古圣贤谈论学习,与老、庄、佛教提倡的放弃学习有明显的不一致,因而说"理被形体气质所污坏,所以要学习以恢复本来状态"(朱子在《论语》第一章,又在《大学》"在明明德"一句的注释中,都用"恢复其本来状

---

① 原文见《朱子语类》卷四《人物之性气质之性》。
② "完全自足"指具备了自己独立存在的条件。
③ 这里程子指程颢。
④ 原文见《二程遗书》卷一第一条。

态"来解说①)。"恢复其本来状态"这句话,出现在庄子的书中(《庄子·缮性篇》说:"在世俗的学术中修养德性,以求恢复其本来状态,以世俗的见解来治理欲望②,要求达到认识清醒。这些可称为蔽塞不开通的人。"又说:"文采使自身的本质消灭,博学使单纯的本心沉溺。这样以后,老百姓开始惶惑混乱,不能再获得原有的性情,恢复人性本来的状态"③)。这是由于他们所说的理就好像佛教所谓的"本来面目",而他们所说的"存理"④,就如同佛教所说的"常惺惺"(佛教书说:"不考虑到善,也不考虑到恶,只经常认识自己的本来面目。"⑤ 上蔡谢氏说:"严敬端庄是经常保持清醒的方法。"⑥ 王文成解说《大学》的"格物致知"一句,认为这是捍卫抵御外界事物〔的影响〕的学说。他说:"本来面目,就是我们〔儒家〕圣人所说的良知。事物到来时加以分析判别,是致知

---

① 这里戴震引证朱子《四书集注》。此处《二程遗书》卷六已说过:"二气五行,刚柔万殊,圣人所由惟一理,人须要复其初。"
② "以世俗的见解来治理欲望"一句的原文是"滑欲于俗知"。"滑"训"乱",而"乱"训"治",所以"滑欲"译为"治理欲望"。
③ 原文均见《庄子》外篇《缮性第十六》。
④ 出自程颢《识仁篇》"识得此理,以诚敬存之而己",见《二程遗书》卷二上。
⑤ 这句话是慧能所说,见《六祖坛经·自序品》。又见《景德传灯录》卷四《袁州蒙山道明禅师》条。
⑥ 上蔡谢氏指谢良佐(二程的门人)。谢氏原文是:"敬是常惺惺法",见《上蔡先生语录》卷中,《正谊堂全书》本。

的先决任务"①）。这样看来，难道宋朝以来的儒者，他们的言论都是把儒家学说牵引到佛教中去的吗？

答：老子、庄子、佛教把他们所提出的"真宰""真空"认为是"完全自足"的。然而他们不能说天下的人只有善而没有恶的，都是智慧而没有愚蠢的，因此对于善和智加以指斥。老子说："断绝了世俗的学问，就没有忧虑。恭顺与呵责有什么区别？善与恶又有多少距离？"② 又说："用智术来治国是国家的灾难，不用智术治国是国家的幸福。"又说："古代善于利用道的人〔治理国家〕，不是要使老百姓聪明智慧，而是使他们没有知识。"③ 由于老子认为人没有欲望就没有活动，也就超出善与恶的对立之上，这时智慧也不如愚昧。所以他直截了当地说"断绝学问"，又主张"抛弃圣智"，"丢掉仁义"，④ 这是一种说法。

荀子以为礼和义只生于圣人的心中，一般人通过学习才能明晓礼义。如果〔一般的人〕按照自然的欲望行事，就要产生争夺。〔他认为〕不通过学习就具有的属于性，通过学习才具有的不属于性，所以他认为人的本性是恶的。因而对孟子的主张性善加以辩论说："如果本性是善的，就不需要圣人王者来管理，礼义的原则也熄灭了；如果本性是恶的，那就会有圣

---

① 王文成即王阳明，名守仁（1472—1528）。原文均见《传习录》卷中。
② 原文见《老子》第二十章。
③ 两段原文均见《老子》第六十章。
④ 老子的话见《老子》第十九章。

人王者兴起,并且重视礼乐。"① 这又是一种说法。

荀子常见到把老、庄、告子等人学说混杂在一起的人,主张废止学习,消灭礼义。而他又不通晓孟子性善学说的原理,认为礼义是圣人用来教导天下人制约本性,使他们不至于争执掠夺的手段,而不了解礼义这概念的来源。老子、庄子、告子以及后来佛教所说的内容正如荀子指出的"去圣王,息礼义"那种情况。

程子、朱子说〔人生下来〕除了气质禀性以外,天又给人以理。如果不是生下来就知道一切而且安定办事的圣人,这个天给予的理没有不受到污坏的。经过学习,这个理逐渐清晰,恢复到最初从上天所接受时的状态。这就是说,天下的人虽然都有从上天所接受的理,而又等于没有一样。这又是一种说法。

现在有一个富有的人遗留给他儿子一千钟粟米,另一个贫穷的人没有一升一斗的遗留。穷人的儿子在家中找不到任何粮食,因而每天用劳力换取一升一斗的粟米。〔如果〕富人的儿子也这样用劳力去获得,又说所得到的就是自己家里的,这种说法一定是讲不通的。所以〔程朱为了回避"理是天给予的,而人又要通过学习来恢复理性"这一矛盾〕,他们详细地讨论敬肃而简略地谈论学习(例如程子说"敬肃端庄地修

---

① 原文见《荀子·性恶》。

养，使德性恢复原来状态"①，而不谈到学习；朱子对《中庸》书中"致中和"一句话，认为是指〔修养方面的〕警惕小心和一个人独处时要慎重②）。

陆子静③、王文成等人对于老、庄、佛教所说的"真宰""真空"，推求其本源，认为这些概念完全具备了圣智仁义，完全具备了理的内容（陆子静说："把精神振作起来，自己做一切的主宰，万物都具备在我心里，还有什么欠缺！应当同情时自然会同情，应该惭愧时自然要惭愧，应当宽容温和时自然宽容温和，应当奋发刚强时自然奋发刚强。"④王文成说："圣人获得良知的功夫是最诚恳的，而且永不停息。他们良知的本体像明镜一样皎洁，美的与丑的事物到来时，都能反映出它们的形象，而光明的镜子并不曾沾染什么。这就是所谓'思想感情顺应万物而本身没有情感'⑤。至于'无所住而生其心'⑥这句话，佛教徒曾说过，不能算错。明镜对于事物，美的是美，丑的是丑，一照就反映出真相，这就是'生其心'的方面；美的与丑的事物，照过以后，不停留在镜子里，这就

---

① 原文是"敬以治之，使复如旧"，见《二程遗书》卷一程颢所说。
② 朱熹的话原文是"自戒惧而约之……自谨独而精之"，见《中庸章句》第一章。
③ 陆子静，即陆九渊（1139—1192），号象山。
④ 原文见《陆象山集》卷三十五《语录》。
⑤ 原文是"情顺万事而无情"，见程颢《明道文集》卷三《答横渠先生定性书》。
⑥ "无所住而生其心"见《金刚经》，指思想不停留在任何事物与现象上。

是'无新住'的方面"①）。这又是一种说法。

程子、朱子按照老、庄、佛教所提出的说法，转借过来说理，这不是把儒学引入到佛学中去，而是误把佛教言论掺杂到儒学中了。陆子静、王文成等人在老、庄、佛教的说法中加入理的内容，这才是把儒学引入到佛学中去。现在试把人的身体与人的道德品质加以比较论列。身体开始于幼小，终于长大；道德品质开始于无知，终于达到圣智的程度。身体的发育依靠饮食滋养而日渐长大，不是"恢复其本来状态"；道德品质依靠学问而进一步达到圣人智者的程度，可见也并非"恢复其本来状态"。

人和其他生物因种类不同而有区别。人所禀受的阴阳五行之气非常纯粹明澈，与鸟兽等不能开化是全然不同的。然而以人与人比较，在才能素质上有多少差别？古代贤圣知道人的才质有差别，所以重视问和学，强调认识的扩充发展。老、庄、佛教则认为一切生物都是相同的，所以主张消除感性欲望，以免危害自身，而不必通过问和学来扩充知识。从老、庄、佛教来看，既然能够保全自身而自我满足，那么就对仁义加以诋毁斥责，来申发他们的学说。

荀子认为普通人的本性，只有通过学习才能知道礼和义，这也能讲得通。陆子静、王文成等人的见解与老、庄、佛教相同，但是改变了对仁义毁谤的那些内容，认为仁义是自然

---

① 王阳明这段话见《传习录》卷中《与陆元静书》。

具备〔在人心中〕的①。这是用一种巧妙的手法来发挥他们的意见。程子、朱子推崇理,认为这是上天给我的,如同荀子推崇礼义,认为这是圣人给我的一样。〔程朱〕说理被形体和气质所污坏,那就是说圣人以下的人,他们的形体气质都不好,这也就是荀子的性恶说;然而他们所说的理是另外的一种凑合依附的东西,也就如同老、庄、佛教所说的"真宰""真空"凑合依附于形体一样。理既然是完全自足的,那就很难说通过学习来明理,所以不能不把理和形体气质分别看成人生的两个根本,而把过失归罪于人的形体气质。这种说法是混杂附会了老、庄、佛教的说法而形成的,使学者迷惑在里面。虽然《六经》、孔、孟的言论都存在,但人们对错误的见解习惯了,便认为那是正确的,所以也不再求索以求通达。啊!〔对于这些,〕我怎敢沉默而停止〔申说〕呢?

【问答十四提要】

继续论证宋儒邵子、张子、朱子等在"神"的概念上与老、庄、佛教的牵连瓜葛,指出朱子把老、释的"神"的概念转变来说"理"。认为除张子某些观点另当别论外,宋儒掺杂老、庄、释氏的思想而混淆《六经》、孔、孟的思想。

---

① 原文是"自然全乎仁义",指不必通过学习就完全具有仁义。

【原文】

问：程伯子之出入于老释者几十年，返求诸《六经》，然后得之，见叔子所撰《行状》。而朱子年四十内外，犹驰心空妙，其后有《答汪尚书书》，言："熹于释氏之说，盖尝师其人，尊其道，求之亦切至矣，然未能有得。其后以先生君子之教，校乎前后缓急之序，于是暂置其说而从事于吾学。其始盖未尝一日不往来于心也，以为俟卒究吾说而后求之未为甚晚。而一二年来，心独有所自安，虽未能即有诸己，然欲复求之外学以遂其初心，不可得矣。"程朱虽从事释氏甚久，然终能觉其非矣，而又未合于《六经》、孔、孟，则其学何学欤？

曰：程子朱子其出入于老释，皆以求道也，使见其道为是，虽人以为非而不顾。其初非背《六经》、孔、孟而信彼也，于此不得其解，而见彼之捐弃物欲，返观内照，近于"切己体察"，为之，亦能使思虑渐清，因而冀得之为衡〔鉴〕事物之本。然极其致，所谓"明心见性""还其神之本体"者，即本体得矣，以为如此便足，无欠阙矣，实动辄差谬。在老、庄、释氏固不论差谬与否，而程子朱子求道之心，久之知其不可恃以衡鉴事物，故终谓其非也。

夫人之异于物者，人能明于必然，百物之生各遂其自然也。老氏言"致虚极，守静笃"，言"道法自然"，释氏亦不出此，皆起于自私，使其神离形体而长存。老氏言"长生久视"，以死为"返其真"；所谓长生者，形化而神长存也；释氏言"不生不灭"；所谓不生者，不受形而生也；不灭者，即其神长存也。其所谓性，所谓道，专主所谓神者为言。

邵子云："道与一，神之强名也。"又云："神无方而性有质。"又云："性者，道之形体；心者，性之郛郭。"又云："人之神即天地之神。"合其言观之，得于老庄最深。所谓道者，指天地之"神无方"也；所谓性者，指人之"（神）〔性〕有质"也，故曰"道之形体"。

邵子又云："神统于心，气统于肾，形统于首；形气交而神主乎其中，三才之道也。"此显指神宅于心，故曰"心者，性之郛郭"。邵子又云："气则养性，性则乘气；故气存则性存，性动则气动也。"此显指神乘乎气而资气以养。王文成云："夫良知一也，以其妙用而言谓之神，以其流行而言谓之气。"立说亦同。又即道养家所云"神之炯炯而不昧者为性，气之缊缊而不息者为命"[1]。朱子于其指神为道、指神为性者，若转以言夫理。

张子云："由太虚，有天之名；由气化，有道之名；合虚与气，有性之名；合性〔与〕知觉，有心之名。"其所谓虚，《六经》、孔、孟无是言也。张子又云："神者，太虚妙应之目。"又云："天之不测谓神，神而有常谓天。"又云："神，天德；化，天道。"是其曰虚曰天，不离乎所谓神者。彼老、庄、释氏之自贵其神，亦以为妙应，为冲虚，为足乎天德矣。如云："性周法界，净智圆妙，体自空寂。"

张子又云："气有阴阳，推行有渐为化，合一不测为神。"斯言也，盖得之矣。试验诸人物，耳目百体，会归于心；心者，合一不测之神也。

天地间百物生生，无非推本阴阳。《易》曰："精气为物。"曾子曰："阳之精气曰神，阴之精气曰灵，神灵者，品物之本也。"因其神灵，故不徒曰气而称之曰精气。老、庄、释氏之谬，乃于此岐而分之。内其神而外形体，徒以形体为传舍，以举凡血气之欲、君臣之义、父子昆弟夫妇之亲，悉起于有形体以后，而神至虚静，无欲无为。

在老、庄、释氏徒见于自然，故以神为已足。程子、朱子见于《六经》、孔、孟之言理义，归于必然不可易，非老、庄、释氏所能及，因尊之以当其所谓神者为生阳生阴之本，而别于阴阳；为人物之性，而别于气质；反指孔孟所谓道者非道，所谓性者非性。独张子之说，可以分别录之，如言"由气化，有道之名"，言"化，天道"，言"推行有渐为化；合一不测为神"，此数语者，圣人复起，无以易也。张子见于必然之为理，故不徒曰神而曰"神而有常"。诚如是言，不以理为别如一物，于《六经》、孔、孟近矣。

就天地言之，化，其生生也；神，其主宰也，不可岐而分也。故言化则赅神，言神亦赅化；由化以知神，由化与神以知德；德也者，天地之中正也。就人言之，有血气，则有心知；有心知，虽自圣人而下，明昧各殊，皆可学以牖其昧而进于明。

天之生物也，使之一本，而以性专属之神，则视形体为假合，以性专属之理，则苟非生知之圣人，不得不咎其气质，皆二本故也。

老、庄、释氏尊其神为超乎阴阳气化，此尊理为超乎阴阳气化。朱子《答吕子约书》曰："阴阳也，君臣父子也，皆事物也；人之所行也，形而下者也，万象纷罗者也。是数者各有当然之理，即所谓道也，当行之路也，形而上者也，冲漠无朕者也。"然则《易》曰"立天之道曰阴与阳"，《中庸》曰"君臣也，父子也，夫妇也，昆弟也，朋友之交也，五者，天下之达道也"，皆仅及事物而即谓之道，岂圣贤之立言，不若朱子言之辨析欤？

圣人顺其血气之欲，则为相生养之道，于是视人犹己，则忠；以己推之，则恕；忧乐于人，则仁；出于正，不出于邪，则义；恭敬不侮慢，则礼；无差谬之失，则智；曰忠恕，曰仁义礼智，岂有他哉？

常人之欲，纵之至于邪僻，至于争夺作乱；圣人之欲，无非懿德。欲同也，善不善之殊致若此。欲者，血气之自然，其好是懿德也，心知之自然，此孟子所以言性善。心知之自然，未有不悦理义者，未能尽得理合义耳。由血气之自然，而审察之以知其必然，是之谓理义；自然之与必然，非二事也。就其自然，明之尽而无几微之失焉，是其必然也。如是而后无憾，如是而后安，是乃自然之极则。若任其自然而流于失，转丧其自然，而非自然也；故归于必然，适完其自然。

夫人之生也，血气心知而已矣。老、庄、释氏见常人任其血气之自然之不可，而静以养其心知之自然；于心知之自然谓之性，血气之自然谓之欲，说虽巧变，要不过分血气心知为二本。

荀子见常人之心知，而以礼义为圣心；见常人任其血气心知之自然之不可，而进以礼义之必然；于血气心知之自然谓之性，于礼义之必然谓之教；合血气心知为一本矣，而不得礼义之本。

程子、朱子见常人任其血气心知之自然之不可，而进以理之必然；于血气心知之自然谓之气质，于理之必然谓之性，亦合血气心知为一本矣，而更增一本。分血气心知为二本者，程子斥之曰"异端本心"，而其增一本也，则曰"吾儒本天"。

如其说，是心之为心，人也，非天也；性之为性，天也，非人也。以天别于人，实以性为别于人也。人之为人，性之为性，判若彼此，自程子朱子始。告子言"以人性为仁义，犹以杞柳为杯棬"，孟子必辨之，为其戕贼一物而为之也，况判若彼此，岂有不戕贼者哉！

盖程子朱子之学，借阶于老、庄、释氏，故仅以理之一字易其所谓真宰、真空者而余无所易。其学非出于荀子，而偶与荀子合，故彼以为恶者，此亦咎之；彼以为出于圣人者，此以为出于天。出于天与出于圣人岂有异乎！

天下惟一本，无所外。有血气，则有心知；有心知，则学以进于神明，一本然也；有血气心知，则发乎血气心知之自然者，明之尽，使无几微之失，斯无往非仁义，一本然也。苟岐而二之，未有不外其一者。《六经》、孔、孟而下，有荀子矣，有老、庄、释氏矣，然《六经》、孔、孟之道犹在也。自宋儒杂荀子及老、庄、释氏以入《六经》、孔、孟之书，学者莫知其非，而《六经》、孔、孟之道亡矣。

【注释】

[1] 冒按：这是达磨与梁武帝对话中语。《五灯会元》卷一

《初祖达磨》条"圆妙"作"妙圆"。罗钦顺《读佛书辨》引此句亦作"妙圆",见正谊堂本《困知记》卷三,又见《明儒学案·卷四十七〈诸儒学案〉》。请学者再证他书。

【译 文】

问十四:程伯子接近和钻研道家与佛教有几十年了,而后回过头来到《六经》中去寻求探索,终有所获。这些经过记载在叔子所作的《行状》①中。至于朱子,到四十岁左右仍然关心和涉猎空无玄妙〔的佛教理论〕。他后来在《答汪尚书书》中说:"我对于佛学理论,起初曾向佛教中人学习,尊重他们的道,探求也算是迫切的,然而没有什么收获。后来由于〔儒学的〕一些先生、君子的教导,我比较了一下先后缓急的次序,就暂时放下佛教理论而从事我们儒学的研求。最初没有一天不把佛教的说法放在心上,认为研究完毕我们儒家学说以后,再来探索佛学也不太迟。一两年来,心中自有一种体会而感到安定。虽然还没有达到自己具有一切美善的境地,但是要再向佛学中探求以满足当初的心愿,已经是不可能了。"② 程朱虽然研究学习佛学的时间很长,但最终觉察到它的错误。但是他们的学说又不符合《六经》、孔、孟的道理,那么他们的

---

① 程伯子指程颢,叔子指程颐。《行状》指《明道先生行状》,见程颐《伊川文集》卷七。
② 原文见《朱子文集》卷三十。

学说是哪一种学说呢？

答：程子、朱子他们钻研道家、佛教都是为了寻求真正的道理。如果他们所见的道理是正确的，就不顾别人的反对。开始时程、朱并非要违背《六经》、孔、孟而相信老、释。而是由于在〔儒学〕这里探索真理的问题不能得到解决，又见到〔老、释〕抛舍放弃物质欲望和反思内省的方法接近于〔儒学的〕"联系自身进行体会考察"，做起来也能够使头脑逐渐清醒，因此希望学习这种方法作为衡量判断事物的根本。然而就算达到了老释学说所提出的最高要求，即他们所谓的"使心地明澈就能见到真空的本性"①，"回归精神的本来状态"② 等等，也就是回到本来状态，以为这样就一切具备，没有不足了，实际上行动起来往往发生错误。老、庄以及佛教徒们固然不计较行为的差误和正确，但程子、朱子有寻求真理的心意，时间久了，知道不能依靠老、释的这些说法来衡量鉴别事物，所以最终认为他们是不对的。

人与其他生物的不同，在于人能觉察到必然的规律，各种生物只是适应自然现象而生存。老子说"达到无思无为的极

---

① 原文是"明心见性"，见《宗镜录》卷九十八。黄柏和尚云："本来是佛，不假修行。但令识取自心，见自本性。"意为表现出自己本来具有的佛性。

② 原文是"还其神之本体"，道教修养家术语。道教认为人身上、中、下三处各个器官都存在"神"，使神回归本体，安稳守舍，便能养生。

度空虚境界，坚定保持安静的状态"①，又说"道是按照自然而形成的"②，佛教也不例外，他们的根源都是自私，要求使神脱离了形体而永远存在（老子说"生命长久，永远看见一切"③，对于死，则认为"回到真的境界"④。他们所说的长生，是指形体变化了而精神长久存在。佛教说"不生不灭"，⑤所谓不生，指不从自然界禀受形体而出生，所谓不灭，指精神永远长存）。他们所谓的性，所谓的道，主要是对所谓的神而说的。

邵子说："道与一是神的勉强的称号。"⑥ 又说："神没有固定的方位，而性有具体的实质。"⑦ 又说："性是道的具体形象，心像城墙一样，中间包藏着性。"⑧ 又说："人〔形体中〕的神就是天地的神。"⑨ 把这些话综合起来看，他对老、庄了解掌握得最深。他所谓的道，指天地的"神没有固定方位"；他所谓的性，指人的"性有具体实质"，所以性被称为"道之形体"。

---

① 原文"致虚极，守静笃"，见《老子》第十六章。
② 原文"道法自然"，见《老子》第二十五章。
③ 原文"长生久视"，见《老子》第五十九章。
④ 原文"返其真"。《庄子》中《大宗师》与《秋水》两篇都有此语。
⑤ 《六祖坛经》有"本性不生不灭"语。
⑥ 原文"道与一，神之强名也"，见《观物外篇》。
⑦ 原文"神无方而性有质"，见《观物外篇》。
⑧ 原文"性者，道之形体。心者，性之郭郭"，见《伊川击壤集》自序。
⑨ 原文"人之神即天地之神"，见《观物外篇》。

邵子又说："神属于心，气属于肾，形体属于头。形与气结合起来，而神在其中作为主宰，这就是三种才能的道理。"①这里明显指神停留在心中，所以说"心好像是性的外围城墙"。邵子又说："气是保养性的，性是控制气的，所以气存在，性就存在，性有所活动，气也随着活动。"② 这明显指神驾驭着气，又依靠气的滋养（王文成说："良知是一个东西，从它的奇妙作用来说叫作神，从它的流转运动来说叫作气。"③ 这也是〔与邵子〕同样的说法，也就是运气养身的道教徒所说的"神的光明而不昏沉的部分叫作性，气的运动而不停息的方面叫作命"④ ）。朱子把〔邵子的〕道是神、〔道教的〕性是神的说法中的道和性，都转过来用理表示。

张子说："由于广阔的虚空，才有天的名称；由于阴阳二气的运动变化，才有道的名称；由于广阔虚空中有气的变化形成了人和万物，才有性的名称；把性与知觉结合起来，才有心的名称。"⑤ 他所谓的"虚"，《六经》和孔、孟都没有这种说

---

① 原文见《观物外篇》。
② 原文见《观物外篇》。
③ 原文见王阳明《传习录》卷中。
④ 戴震书中原文是"神之炯炯而不昧者为性。气之絪缊而不息者为命"。按道教书《性命圭旨》的《性命说》中有一段："何谓之性？元始真如一灵炯炯是也。何谓之命？先天至精一气氤氲是也。"不知是否即戴震所据。（此书有明末邹元标题辞，清初尤侗序。中国科学院图书馆有抄本）。
⑤ 张子指张载。这段话原文见《正蒙·太和》。

法。张子又说:"太空中一切精奇巧妙的变化现象叫作神。"① 又说:"天的运动变化莫测的作用叫作神,而神的作用又是有一定常规的叫作天。"② 又说:"神,是天的属性;化,指天的运动。"③ 这里他讲太虚、讲天,都不脱离所谓神。老、庄、佛教非常重视自己本身的神,也认为神具有巧妙的感应作用,认为神是广漠空虚的,认为神完全具备天的一切特征(如佛家说"佛性普遍分布于一切事物"④,"它的特点是清静、智慧、神妙而又圆融,它的本体是虚冥寂"⑤)。

张子又说:"气有阴阳两面,一阴一阳的逐渐运动叫作化;阴阳二气结合起来产生的变化不能预测叫作神。"⑥ 这句话就讲对了。试看人和物的耳、眼睛以及身体各部分的感觉都会集在心中,心就是合一不测的神。

天地之间一切生物的繁衍,都根源于阴阳二气的运动。

---

① 原文见《正蒙·太和》。
② 原文见《正蒙·天道》。
③ 原文见《正蒙·神化》。
④ 原文是"性周法界",佛学常用语。佛教书中说"见性既常,无一间断,分明彻照十方,净无瑕秽,内外圆明,廓周法界",见《宗镜录》卷六十五。
⑤ 原文是"净智妙圆,体自空寂"。这是禅宗初祖达摩回答梁武帝关于佛性的形容,见《五灯会元》卷一。也见《景德传灯录》卷三"达摩"条。
⑥ 原文见《正蒙·神化》。

《易经》说："精气构成万物。"① 曾子说："阳的精气叫神，阴的精气叫灵，神和灵是一切生物的根本。"② 由于这种构成万物的气具有神与灵的特点，所以不仅叫作气，而且叫作精气。老、庄、佛教的谬误就是在这关键问题上与儒家的分歧。他们认为神是属于自己本身之内的东西，而形体是本身以外的，把形体仅仅当成精神停留寄居的旅舍；把一切肉体的感情欲望，君臣之间的名分，父子、兄弟、夫妻之间的亲密都看成是有了形体以后才产生的，而精神则是非常淡漠静寂，没有欲望，没有活动的。

由此看来，老、庄、佛教仅仅见到自然〔现象中有了形体便有欲望和活动〕，所以以为保持精神的无欲无为就满足了。而程子、朱子了解到《六经》、孔、孟讲的理义属于不可改变的必然原则，认为这是老、庄、佛教的说法所不及的，因而把它抬高到相当于〔老、庄、佛教〕所讲的神的地位和程度，并把它看作产生阴和阳的根本来源，以区别于阴阳本身；把它看成人和物的性，而区别于人和物的形体气质；〔进一步〕反而说孔孟所讲的道不是道，所讲的性不是性。惟有张子的说法，可以在个别方面记下来。如他说"由于气的运动变化而有道的名称"，又说"化就是天的运行"，又说"〔气的〕逐渐运动流行叫作化；一阴一阳二气交感，它的变化不

---

① 原文是"精气为物"，见《易·系辞上》。
② 曾子指曾参，孔子的学生。原文见《大戴礼记·曾子天圆第五十八》。

可测度，叫作神"。以上几句话，就是圣人再生，也不会改变。张子看到事物的必然现象就是理，所以不仅仅讲事物发展变化的神妙，而说"神妙而又有常规"。如果按这样说，不把理看成事物以外的一个别的东西，那就与《六经》、孔、孟接近了。

以整个宇宙来说，化是指宇宙的不断生殖衍化，神是〔宇宙不断生殖衍化的〕主宰决定者，二者不能分开。所以谈到化就包括神，谈到神也包括化。通过化的现象，可以知道神；通过化和神的作用，可以认识德。德这个概念，指宇宙运动规律的严密和准确。以人来说，有血肉气质，就有心的感受认识；有了心的感受与认识能力，虽然在圣人之下存在聪明与愚昧的各种不同的人，但都可以通过学习启发愚昧而达到明智。

"天产生万物，使它们只有一个本原。"① 而〔老、庄、佛教〕把〔人和物的〕性专属于神，那就把〔人和物的〕形体认为是暂时的凑合。〔宋儒〕把性专属于理，那么如果不是生而知之的圣人，〔在产生谬误的认识以后〕不能不加罪于气质。这些都是由于在理论上设立了两个本原的缘故。

老、庄、佛教推崇他们〔所谓〕的神，认为神超出阴阳二气的变化流行。〔宋儒〕则推崇理，认为理超出阴阳气化。

---

① 这里引用孟子的话，原文是："且天之生物也，使之一本。"见《孟子·滕文公上》。

朱子在《答吕子约书》中说："阴阳二气的流行也好，君臣父子的关系也好，都属于人们的行动，是形而下的，是罗列的纷纷现象。这些事物都有当然的理，那就是所谓道，就是当然要行走的方向，是形而上的，是虚空没有痕迹的。"① 然而《易经》说"形成天地的道是阴阳二气"②，《中庸》说"君臣、父子、夫妻、兄弟和朋友的往来，这五种是天下普遍通达的道"③，它们都只讲事物，便称之为道。难道圣贤的言论不如朱子说得明白清楚吗？

圣人按照肉体气质的欲望，定出互相生存发展的道理。在这规定下，对待别人像对待自己一样，就是忠；以自己的感受推及别人，就是恕；与别人同忧共乐，就是仁；按正当的而不是邪恶的原则办事，就是义；恭敬而不骄傲怠慢，就是礼；认识事情没有差错，就是智。说忠和恕，说仁义礼智，难道还有其他的吗？

普通人的欲望不加检束而达到邪恶的地步，以至斗争、掠夺，造成不安的局面；圣人的欲望，没有不是善美的德性。欲是一样的，而动机的善与不善，就产生出两种完全不同的表现。欲望是血肉气质的自然表现，至于爱好美德，是认识能力的自然现象，这是孟子之所以主张性善的根据。心理的自然表现没有不喜爱理和义的，只是不能充分认识到理和符合义的情

---

① 原文见《朱子文集》卷四十八。
② 原文是"立天之道曰阴与阳"，见《易·说卦》。
③ 原文见《中庸》第二十章。

况。对于血气的自然表现，经过观察考究，看到其中的必然规则，这就是理和义；自然现象和必然规则是一件而不是两件事。对于自然充分明了，而没有丝毫差误，就是必然。像这样没有遗憾而心安，就是自然的完美法则。如果任由自然流失而丧失自然，那就不是自然了；所以以必然为归宿，正是完满地体现了自然。

关于人的生存，只是包括血肉气质和心灵感知罢了。老、庄、佛教见到一般人放任血气欲望的自然要求是不对的，于是通过安静来保养他们的心灵认知的自然状态。他们称心知的自然为性[1]，称血气的自然为欲。这种说法尽管有巧妙变化的意味，〔但总而言之，〕不过是把血肉气质以及心灵感知分成〔人生的〕两个本原。

荀子见到普通人的心灵认知〔没有礼义〕，就认为礼和义的德性存在于圣人的心中。[2] 他看到普通人放纵血气心知的自然表现是不对的，而提供了礼和义的必然规则。他将自然状态的血气心知称为性，将必然规则的礼义称之为教，这样他就把血气和心知合为〔人生的〕一个本原了。然而他还不能说明什么是礼和义的本原。

程子、朱子见到普通人放任他们的血肉气质和心灵感知的自然状态是不对的，而提出一个理的必然，将血气心知的自然

---

[1] 参见谢良佐"释氏所谓性，犹吾儒所谓心。释氏所谓心，犹吾儒可谓意"。见《上蔡先生语录》卷中，《正谊堂全书》本。
[2] 参见《荀子·性恶》："礼义者，圣人之所生也。"

称为气质,将理的必然称为性。他们这样也把血气和心知合为一个本原,但又增加了一个本原〔理〕。对于分血气与心知为二本的〔老、庄、佛教之说〕,程子斥之为"异端以心为本",对于自己增加的一个本原,则说"我们儒者以天为本"①。

按照〔程子的〕这种说法,那就是把心的产生心理意识的能力,认为是人本身具有的,不是来源于天;把性的产生所具有的〔礼义等等〕各种德性的能力,认为是根源于天,而不是人本身具有的。把天与人本身加以区别,实际是把〔人的〕性与人加以区别。将人本身的作用与人性的作用截然对立起来,就是从程子、朱子开始的。告子说的"在人性中形成礼义,就如同把杞柳的枝条人为地加工成杯棬等用具一样"②,都遭到了孟子的坚决反驳,因为告子的比喻是把一个事物加以损害,而形成另一个事物。何况程朱把人和人的本性截然区分为二,这怎么不起残害作用呢!

可能是由于程子、朱子的这种学说,以老、庄、佛教作为基础,只用"理"一个字来代换了〔老、释〕他们所谓的"真宰""真空",而其余都没有动。程朱的学说并非来源于荀子,而是偶然与荀子一致。所以〔荀子〕以为恶的,〔程朱〕也加以谴责;荀子认为根源于圣人的,程朱以为根源于天。来

---

① 《二程遗书》卷二十一下:"天有是理,圣人循而行之,所谓道也。圣人本天,释氏本心。"
② 原文见《孟子·告子上》。

源于圣人与来源于天难道有什么不同吗！

　　天下〔万物〕只有一个本原，没有其他本原。有血肉气质，就有心灵感知；有了心知，就可以通过学习达到无所不了解的神明状态，这是一个本原所形成的现象；有了血气心知，而尽量发挥血气心知自然产生的能力的作用，达到充分明了和准确的程度，使认识不至有丝毫失误差错，就能在任何场合符合仁义，这也是一个本原所产生的现象。如果把事物的本原分为两个，那就不可能不把其中之一放到本原之外去。《六经》、孔、孟以后，出现了荀子，出现了老、庄、佛教，但是《六经》、孔、孟的思想仍然存在。自从宋儒把荀子以及老、庄、佛教的说法混淆到《六经》、孔、孟的书中去后，学者不明白其中的错误，而《六经》、孔、孟的思想就消失了。

卷 中

天 道

【提　要】

本篇阐明了道的概念，对"分于道谓之命，形于一谓之性"作了明确的解释，并指出阴阳五行是道的实体，血气心知是性的实体。以上三点也是戴震哲学本体论中的基本原理。

【原　文】

道，犹行也；气化流行，生生不息，是故谓之道。

《易》曰："一阴一阳之谓道。"《洪范》："五行：一曰水，二曰火，三曰木，四曰金，五曰土。"行亦道之通称。《诗·载驰》："女子善怀，亦各有行。"毛《传》云："行，道也。"《竹竿》："女子有行，远兄弟父母。"郑《笺》云："行，道也。"

举阴阳则赅五行，阴阳各具五行也；举五行即赅阴阳，五行各有阴阳也。《大戴礼记》曰："分于道谓之命，形于一谓之性。"言分于阴阳五行以有人物，而人物各限于所分以成其性。阴阳五行，道之实体也；血气心知，性之实体也。有实体，故可分；惟分也，故不齐。古人言性惟本于天道如是。

【译 文】

"道"如同行走的道路，〔宇宙中的〕气在流动运行中不断变化，永不停息，这就叫作道。《易经》说："阴阳二气，一动一静，不断更迭运行，这就叫作道。"① 《洪范》②说："五行的名目：一是水，二是火，三是木，四是金，五是土。"行也是道的通常说法（《诗经·载驰》："女子善于想念，也有各自的行为。"③ 毛氏④的注释说："行，就是道。"

---

① 原文见《易·系辞上》。
② 《洪范》是《书经》中的一篇，首先提出五行的概念。
③ 原文见《诗经·鄘风·载驰》。
④ 毛氏指小毛公苌，西汉人。

《诗经·竹竿》:"女子出外远行,离开父母兄弟。"① 郑玄的笺释②说:"行,就是道")。

提到阴阳,就包括水、火、木、金、土五行,因为阴阳二气各自具有五行的内容。提到五行,也包括阴阳,因为水、火、木、金、土五行各自具有阴和阳的方面。《大戴礼记》说:"从道那里分出〔阴阳五行〕的过程叫作命,〔人和物〕因此形成一定的特点叫作性。"③ 这是说,从道那里分得阴阳五行之气而产生人和物,人与物根据所分得的多少而形成它们的性。阴阳五行之气是道的实体,〔阴阳五行之气所形成的〕血肉气质和心灵知觉是性的实体。因为有实体,所以能够划分;因为分得的程度多少不同,所以人和万物的性是不一样的。古人说性只来源于天道,就是这样。

【问答一提要】

对《易经》"形而上者谓之道,形而下者谓之器"一语,论述程、朱理解不当,并提出自己的见解。

【原　文】

问:《易》曰:"形而上者谓之道,形而下者谓之

---

① 原文见《诗经·卫风·竹竿》。
② 郑玄的笺释,指对毛氏所注《诗经》进一步的解说。
③ 原文见《大戴礼·本命第八十》。

器。"程子云："惟此语截得上下最分明，元来止此是道，要在人默而识之。"后儒言道，多得之此。朱子云："阴阳，气也，形而下者也；所以一阴一阳者，理也，形而上者也；道即理之谓也。"朱子此言，以道之称惟理足以当之。今但曰"气化流行，生生不息"，乃程朱所目为形而下者；其说据《易》之言以为言，是以学者信之。然则《易》之解可得闻欤？

曰：气化之于品物，则形而上下之分也。形乃品物之谓，非气化之谓。《易》又有之："立天之道，曰阴与阳。"直举阴阳，不闻辨别所以阴阳而始可当道之称，岂圣人立言皆辞不备哉？一阴一阳，流行不已，夫是之谓道而已。

古人言辞，"之谓""谓之"有异。凡曰"之谓"，以上所称解下，如《中庸》"天命之谓性，率性之谓道，修道之谓教"，此为性、道、教言之，若曰性也者天命之谓也，道也者率性之谓也，教也者修道之谓也；《易》"一阴一阳之谓道"，则为天道言之，若曰道也者一阴一阳之谓也。凡曰"谓之"者，以下所称之名辨上之实，如《中庸》"自诚明谓之性，自明诚谓之教"，此非为性教言之，以性教区别"自诚明""自明诚"二者耳。《易》"形而上者谓之道，形而下者谓之器"，本非为道器言之，以道器区别其形而上形而下耳。形谓已成形质，形而上犹曰形以前，形而下犹曰形以后。如言"千载而上，千载而下"。《诗》："下武维周。"郑《笺》云："下，犹后也。"阴阳之未成形质，是谓形而上者也，非形而下明矣。器言乎一成不变，道言乎体物而不可遗。不徒阴阳非形而下，如五行水火木金土，有质可见，固形而下也，器也；其五行之气，人物咸禀受于此，则形而上者也。

《易》言"一阴一阳"，《洪范》言"初一曰五行"，举阴阳，举五行，即赅鬼神；《中庸》言鬼神之"体物而不可遗"，即物之不离阴阳五行以成形质也。由人物遡而上之，至是止矣。《六经》、孔、孟之书不闻理气之辨，而后儒创言之，遂以阴阳属形而下，实失道之名义也。

【译文】

问一：《易经》说："形体以上的叫作道，形体以下的叫作器。"① 程子说："只有这句话最清楚地截然分开上下，原来只有这样的形态才是道。人们要认真体会，记在心里。"② 后儒言道，多是从这里得来的。朱子说："阴和阳是气，是形而

---

① 原文见《易·系辞上》。
② 原文"惟此语截得上下最分明。原来止此是道，要人默而识之"，见《二程遗书》卷十一。"默而识之"一语出自《论语·述而》。

下的；能使一阴一阳运动的是理，是形而上的。道与理是同样的意义。"①朱子这句话，认为道这个名称只有理可以与它相提并论。现在你说"阴阳二气，流行变化，不停地产生新的形态"是程朱所认为形而下的。他们的说法是根据《易经》而说的，所以学者们相信。然而《易经》的话究竟怎样解释，你可以说明一下吗？

答：运行着的气的形态与具体的万物的区别，才是形而上与形而下的区别。形指各种具体品物，不是指气的运动变化。《易经》又曾经说："建立天的道，就是阴和阳。"②这里直接提出阴阳，没有听说要另外提出一个能够使阴阳流行的东西才能叫作道。难道圣人发表言论还说得不周到吗？一阴一阳的不断更迭运行，这种状态就是道。

古人文字中，"之谓"与"谓之"的含义不同。凡是说"之谓"，是用上面的词解释下面的词。如《中庸》的"天命之谓性，率性之谓道，修道之谓教"③三句，这是对"性""道""教"作解释的，也如同说"天所命令给予的就是性，按照性的规定而行动就是道，对道进行修养治理就是教"。《易经》中"一阴一阳之谓道"则是对于天道的说明，如同说"道这个词的概念就是一阴一阳的交替运动"。凡是用"谓之"的地方，是以下面的词语来辨别上面词语的内

---

① 原文见《通书·诚上第一》"一阴一阳之谓道"句朱熹注。
② 原文见《易经·说卦》。
③ 原文见《中庸》第一章。

容。如《中庸》中说"自诚明谓之性,自明诚谓之教"①,这不是解释"性"和"教",而是用"性"和"教"来辨别"从明到诚"与"从诚到明"两种过程。《易经》中的"形而上者谓之道,形而下者谓之器"本来也不是解释"道"和"器",而是用"道"与"器"来说明"形而上"与"形而下"两种状态的区别。"形"是指已经形成形体实质,"形而上"就是说形成形质以前,"形而下"就是说形成形质以后(例如说"一千年而上,一千年而下"。《诗经》:"下武维周。"郑玄笺释说:"下,就是以后"②)。阴阳二气没有形成形体实质以前,就是所谓形而上的,不是形而下的,这就很清楚了。器是指形成以后就不会变化,道是指与事物结合在一起而不能分离。不仅阴阳二气不是形而下,如水、火、木、金、土五行,有形质可见,当然是形而下的具体的器物,然而五行的气,人和物都从其中禀受的则是形而上的。

《易经》说"一阴一阳",《洪范》说"〔九个范畴的〕第一个是五行"③。讲到阴阳,讲到五行,就包括鬼神〔的自然作用〕。《中庸》说鬼神〔的作用〕是"与事物结合在一起而不可分离"④,就是指事物不能离开阴阳五行之气而形成形体实质。从人和物的形成往上推论,到阴阳五行就为止了。在

---

① 原文见《中庸》第二十一章。
② 原文见《诗·大雅·下武》郑笺。
③ 原文见《书经·洪范》。
④ 原文是"体物而不可遗",见《中庸》第二十一章。

《六经》、孔、孟的书中，没有见到理和气的辨别区分，而后儒开始提出这说法，就把阴阳二气认作属于形而下的有形的东西，这实际上是弄错了道的概念。

【问答二提要】

指出朱子把"太极生阴阳"认为是"理生气"之误。并说明太极、两仪、四象、八卦是《易经》中卦画的组成过程。

【原　文】

问：后儒论阴阳，必推本"太极"，云："无极而太极，太极动而生阳；动极而静，静而生阴；静极复动。一动一静，互为其根；分阴分阳，两仪立焉。"朱子释之云："太极生阴阳，理生气也。阴阳既生，则太极在其中，理复在气之内也。"又云："太极，形而上之道也；阴阳，形而下之器也。"今既辨明形乃品物，非气化，然则"太极""两仪"，后儒据以论道者，亦必傅合失之矣。自宋以来，学者惑之已久，将何以解其惑欤？

曰：后世儒者纷纷言太极，言两仪，非孔子赞《易》太极两仪之本指也。孔子曰："《易》有太极，是生两仪，两仪生四象，四象生八卦。"曰仪，曰象，曰卦，皆据作《易》言之耳，非气化之阴阳得两仪四象之名。

《易》备于六十四，自八卦重之，故八卦者，《易》

之小成，有天、地、山、泽、雷、风、水、火之义焉。其未成卦画，一奇以仪阳，一偶以仪阴，故称两仪。奇而遇奇，阳已长也，以象太阳；奇而遇偶，阴始生也，以象少阴；偶而遇偶，阴已长也，以象太阴；偶而遇奇，阳始生也，以象少阳。

伏羲氏睹于气化流行，而以奇偶仪之象之。孔子赞《易》，盖言《易》之为书起于卦画，非漫然也，实有见于天道一阴一阳为物之终始会归，乃画奇偶两者从而仪之，故曰"《易》有太极，是生两仪"。既有两仪，而四象，而八卦，以次生矣。

孔子以太极指气化之阴阳，承上文"明于天之道"言之，即所云"一阴一阳之谓道"，以两仪四象、八卦指《易》画。后世儒者以两仪为阴阳，而求太极于阴阳之所由生，岂孔子之言乎！

【译文】

问二：后儒谈到阴阳二气，一定要把太极作为阴阳的本原。他们说："在无极的状态中形成太极，太极在的时候产生阳；动到极点就静下来，静的时候产生阴；静到极点又动起来。一动一静互相作用，于是分出阴阳，建立两仪。"① 朱子解释这一段说："太极产生阴阳，是指理产生气。既然产生了

---

① 这一段是周敦颐《太极图说》中的开头。

阴阳，太极就在阴阳中，也就是理仍旧在气中。"① 又说："太极就是形而上的道，阴阳二气是形而下的器。"② 现在你已经分辨清楚形是指有形的万物，不是指无形的气的流行变化。那么太极、两仪的概念，后儒用来说明"道"，也一定是附会牵强而错误的了。从宋朝以来，学者受蒙蔽已有很长时间，你将要怎样解除他们的蒙惑呢？

答：后代的儒者不断讲太极、讲两仪，都不是孔子解说《易经》太极、两仪的原意。孔子说："《易经》的规律是先有太极，太极产生两仪，两仪生出四象，四象生出八种卦画。"③ 他说的这些仪、象、卦的名目，都是按照《易经》创作时的结构体系来说的，并不是把阴阳二气的流行变化加上两仪、四象的名称。

《易经》共有六十四个卦，由八个原始的卦互相重叠组合而成。所以最初的八个卦被称为《易》的初步成就，最初的八个卦代表天、地、山、泽、雷、风、水、火八种自然现象的特点。④ 在没有构成卦画以前，用一个奇画代表阳，一个偶画

---

① 原文见朱熹《太极图解》，《性理精义》卷一。
② 原文见朱熹《太极图解》，《性理精义》卷一。
③ 原文见《易·系辞上》。
④ 最初的八个卦称为"经卦"，乾卦（☰）代表天，坤卦（☷）代表地，艮卦（☶）代表山，兑卦（☱）代表泽，震卦（☳）代表雷，巽卦（☴）代表风，坎卦（☵）代表水，离卦（☲）代表火。

代表阴，① 所以叫作两仪。奇的卦画加上奇的卦画，说明阳已经成长，这象征太阳；② 奇的卦画加上偶的卦画，说明阴开始生长，这象征少阴；③ 偶的卦画再加偶的卦画，说明阴已成长，这象征太阴；④ 偶的卦画加奇的卦画，说明阳开始成长，这象征少阳。⑤

伏羲氏看到宇宙中阴阳二气的流行变化，因此用卦画的奇偶来象征它们。孔子解说《易经》，说明《易经》这书开始于卦画不是随意的，而是实际上见到天道的一阴一阳二气运动变化，与事物的从始到终，是互相结合一致的，从而画出奇的卦画与偶的卦画来象征阴阳。所以孔子说"易有太极，太极生出两仪"⑥。先有两仪，然后有四象，有八卦，依次派生出来。

孔子认为太极指流动变化的阴阳二气，是按照《易经》上文"明确了解天道"⑦ 来说的，也就是按照"一阴一阳之谓道"来说的。孔子同时又认为两仪、四象、八卦是指《易经》的卦画。后代的儒者把两仪作为阴阳二气，而找出一个太极作

---

① 一个奇画是━，一个偶画是━ ━。
② 奇画加奇画是⚌，称为太阳。
③ 奇画加偶画是⚍，称为少阴。
④ 偶画加偶画是⚏，称为太阴。
⑤ 偶画加奇画是⚎，称为少阳。
⑥ 原文是"易有太极，是生两仪"，见《易·系辞上》。
⑦ 原文是"明于天之道"，见《易·系辞上》。

为产生阴阳二气的根源,这哪是孔子的言论!①

【问答三提要】

列举老、庄、佛教以神识为天地之本,宋儒以理为生物之本;老、庄、释以神能生气,宋儒以理能生气等理论。指出宋儒的失误是由于受到老、庄、释的思想影响。

【原　文】

问:宋儒之言形而上下,言道器,言太极两仪,今据孔子赞《易》本文疏通证明之,洵于文义未协。其见于理气之辨也,求之《六经》中无其文,故借太极、两仪、形而上下之语以饰其说,以取信学者欤?

曰:舍圣人立言之本指,而以己说为圣人所言,是诬圣;借其语以饰吾之说,以求取信,是欺学者也。诬圣欺学者,程朱之贤不为也。盖其学借阶于老、庄、释氏,是故失之。凡习于先入之言,往往受其蔽而不自觉。

在老、庄、释氏就一身分言之,有形体,有神识,而以神识为本。推而上之,以神为有天地之本,老氏云:"有物混成,先天地生。"又云:"道之为物,惟恍惟忽。忽兮恍

---

① 参照戴震的《绪言》卷上问答三,《孟子私淑录》卷中问答四,内容大致相同,可作比较。

兮，其中有象；恍兮忽兮，其中有物。"释氏书："问：'如何是佛？'曰：'见性为佛。''如何是性？'曰：'作用为性。''如何是作用？'曰：'在目曰见，在耳曰闻，在鼻臭香，在口谈论，在手执捉，在足运奔。遍见俱该法界[1]，收摄在一微尘，识者知是佛性，不识唤作精魂。'"遂求诸无形无迹者为实有，而视有形有迹为幻。

在宋儒以形气神识同为己之私，而理得于天。推而上之，于理气截之分明，以理当其无形无迹之实有，而视有形有迹为粗。盖就彼之言而转之，朱子辨释氏云："儒者以理为不生不灭，释氏以神识为不生不灭。"因视气曰"空气"，陈安卿云："二气流行万古，生生不息，不成只是空气，必有主宰之者，理是也。"视心曰"性之郭郭"，邵子云："心者，性之郭郭。"

是彼别形神为二本，而宅于空气、宅于郭郭者为天地之神与人之神。此别理气为二本，朱子云："天地之间，有理有气。理也者，形而上之道也，生物之本也；气也者，形而下之器也，生物之具也。是以人物之生，必禀此理然后有性也，禀此气然后有形。"而宅于空气、宅于郭郭者，为天地之理与人之理。

由考之《六经》、孔、孟，茫然不得所谓性与天道者，及从事老、庄、释氏有年，觉彼之所指，独遗夫理义而不言，是以触于形而上下之云，太极两仪之称，顿然有悟，遂创为理气之辨，不复能详审文义。

其以理为气之主宰，如彼以神为气之主宰也；以理能生气，如彼以神能生气也；老氏云："一生二，二生三，三生万物。万物负阴而抱阳，冲气以为和。"以理坏于形气，无人欲之蔽则复其初，如彼以神受形而生，不以物欲累之则复其初也。皆改其所指神识者以指理，徒援彼例此，而实非得之于此。学者转相传述，适所以诬圣乱经。

善夫韩退之氏曰："学者必慎所道。道于杨、墨、老、庄、佛之学而欲之圣人之道，犹航断港绝潢以望至于海也。"此宋儒之谓也。

【注　释】

[1] 冒按：这是佛教所说偈。《五灯会元》卷一《东土初祖达磨》条引婆罗提此偈，"法界"作"沙界"。罗钦顺《读佛书辨》引此语"法界"亦作"沙界"，见《明儒学案》卷四十七。戴震自著《绪言》卷下问答二，《孟子私淑录》卷下问答二均引此语，皆作"法界"。

【译　文】

问三：宋儒他们讲形而上、形而下，讲道器，讲太极和两仪，现在根据孔子解说《易经》的原文来综合论证，可见宋儒所说的与《易经》的含义不一致。他们看到关于理和气的分辨，在《六经》中找不出文字依据，因而假借太极、两仪、形而上、下的话来装饰充实他们的理论，企图使学者相信，是不是这样？

答：抛弃圣人言论的宗旨，把自己的说法作为圣人的言论，这是诬蔑圣人；假借圣人的言语来装饰自己的说法，以图取得人们的信任，这是欺骗后来的学者。诬圣欺学者的事，程、朱作为有道德的贤人是不会做的。他们会产生错误，大概是因为他们的学术以老、庄、佛教作为入门手段。凡是习惯于最先听到的话，便时常会受到这些言语的蒙蔽而自己没有觉察。

老、庄、佛教认为人有形体和神识两部分，神识是人的根本。再进一步推论，认为神是产生天地的根本（老子说："有一个混沌的东西，存在于天地未产生以前。"① 又说："这个东西恍恍惚惚，好像有又好像没有。在无形无迹的地方，有现象显示；在无迹无形的地方，有事物产生。"② 佛教书中说："问：'什么是佛？'答：'见到本性的是佛。''什么是性？'答：'作用是性。''作用是什么样的？'答：'在眼睛是看，在耳朵是听，在鼻孔是嗅，在口是谈论，在手是抓捉，在足是奔跑。这些现象普遍出现在广大宇宙，收聚在一粒尘土中。知道的人说这是佛性，不知道的说这是精魂'"③）。因此他们求索那些无形体、无痕迹的东西作为实际的，反而把那些有形有迹的事物看成是空幻的。

在宋儒的理论中，形体气质和精神都属于自己私有的，而理是从上天得来的。往上推论，将理和气截然分开，认为理是

---

① 原文见《老子》第二十五章。
② 原文见《老子》第二十一章。
③ 原文见《五灯会元》卷一"达磨"条。

没有形体没有痕迹的实际存在，而有形有迹的血肉气质则是粗蠢的东西。他们进一步把老、庄、佛教的言论转变成儒家的言论（朱子辨别佛教与儒家时说："儒者认为理是不生不灭的，佛教认为神识是不生不灭的"①），因而把气看成空洞没有内容的气（陈安卿②说："阴阳二气，自古以来流动变化，不断产生新的形态。难道只是空的气吗？一定有一个主宰在其中，那就是理"③），把心看成"性的外围城郭"（邵子说："心是性的外围城郭"④）。

这样看来，老、庄、佛教之说将形体与精神作为人和物的两个本原，而处于空的气与处于外围城郭中的分别是天地的神和人的神。宋儒则将理和气作为人和物的两个本原（朱子说："天地之间有理也有气。理是形而上的道，是产生万物的根本；气是形而下的器，是产生万物的材料。所以人和物的产生，必须要接受理，然后才有本性，必须接受气，然后有形体"⑤），而处于空的气与处于外围城郭中的分别是天地的理与人的理。

由于宋儒在《六经》、孔、孟书中找不出他们所讲的性与

---

① 原文见《朱子语类》卷一二六《释氏》。
② 陈安卿（1153—1217），名淳，漳州人，朱熹门人，著有《北溪全集》。
③ 原文见陈淳《北溪字义》卷上"命"条。
④ 原文见邵雍的诗集《伊川击壤集》自序。
⑤ 原文见《朱子文集》卷五十八《答黄道夫》。

天道的内容涵意而感到茫然无主,等到他们对老、庄、佛教研究了若干年,觉得老、庄、佛教单独遗落了理义而没有谈,于是感触到《易经》关于形而上、下的说法,以及太极、两仪的名称,忽然觉悟,从而创立他们分辨理和气的理论,不再能够详细认真了解《六经》、孔、孟文字的本来意义。

宋儒认为理是气的主宰,就好像老、庄、佛教以为神是气的主宰;认为理能产生气,就好像老、庄、佛教以为神能产生气(老子说:"一生二,二生三,三生万物。万物都是背着阴而面向阳,虚空的冲气运行于阴阳二气之间,形成和谐的状态"①);认为理受到形体气质的污染,如果没有人欲的蒙蔽就能恢复其本来状态,就好像老、庄、佛教所说,神给予万物形体,使万物产生,如果没有物质欲望的牵累,就能恢复本来状态。这都是用理来代替老、庄、教佛所谓神识的概念,这种做法只是徒然引用老、庄、佛教的那些理论来譬喻儒家的理论,实际上对儒家的理论并没有认识理解。这种见解在学者中互相传授解说,正是使得圣人经典遭到歪曲与混淆的原因。

韩退之说得好:"学者必须谨慎选择求学的道路方向。循着杨朱、墨翟、老子、庄子、佛教的为学方向,想要达到儒家圣人的道路,就如同在断绝的港湾中航行而希望达到大海一

---

① 原文见《老子》第四十二章。关于"冲气",可参照戴震《绪言》卷下问答二中的论说,摘录如下:"阴也,阳也,冲气以为和,即主宰之者也,神也。彼见气可言有,神存乎其有而不可谓有,又不可谓无,然不离气者也,故曰冲气。"

样。"这就是宋儒的写照。

性

【提 要】

　　作者阐述了关于性的论点：一、人和万物的性是一种因素，由自然界阴阳五行所构成。由于构成人和物形体气质的成分不同，所以人和物的本性有不同种类的差异。二、人和其他生物的性，按照其种类的不同，不断遗传繁衍。三、人所表现的特点，所具有的能力，所完成的事为，都是由性的因素所决定的。

【原 文】

　　性者，分于阴阳五行以为血气、心知，品物区以别焉，[1]举凡既生以后所有之事，所具之能，所全之德，咸以是为其本，故《易》曰："成之者性也"。气化生人生物以后，各以类滋生久矣；然类之区别，千古如是也，循其故而已矣。

　　在气化曰阴阳，曰五行，而阴阳五行之成化也，杂糅万变，是以及其流形，不特品物不同，虽一类之中又复不同。凡分形气于父母，即为分于阴阳五行，人物以类滋生，皆气化之自然。

《中庸》曰："天命之谓性。"以生而限于天，故曰天命。《大戴礼记》曰："分于道谓之命，形于一谓之性。"分于道者，分于阴阳五行也。一言乎分，则其限之于始，有偏全、厚薄、清浊、昏明之不齐，各随所分而形于一，各成其性也。然性虽不同，大致以类为之区别，故《论语》曰"性相近也"，此就人与人相近言之也。孟子曰："凡同类者举相似也，何独至于人而疑之！圣人与我同类者"，言同类之相似，则异类之不相似明矣；故诘告子"生之谓性"曰："然则犬之性犹牛之性，牛之性犹人之性与"，明乎其必不可混同言之也。天道，阴阳五行而已矣；人物之性，咸分于道，成其各殊者而已矣。

【注 释】

[1] 冒按：此句标点与中华原点校本有不同。参中华本第25页。

【译 文】

性这个概念，是指〔自然界〕分配给人和物的阴阳五行之气所形成的血肉气质和心灵知觉。由于所分得的成分比例不同，就形成了人与万物的本性区别。凡是出生以后所做的事，所具有的能力，所表现的道德，都是以本性为基础的。所以《易经》说"完成和体现出道的是性"①。阴阳五行之气，流行变化而产生人和万物以后，〔人和物〕各自按照它们的类别滋长繁衍，已经有长久的时间，然而各种生物的种类区别是千万年一成不变的，它们是按照原来的特点在繁衍罢了。

在气化状态中有阴阳，有五行，而阴阳五行之气的流行变化纷繁复杂，等到转化而形成万物以后，不仅品种不同，即使一个品种之中，又有类别的不同。凡是从父母那里分得形体气质，实际上就是从阴阳五行那里所分得。人和物按照它们的品种类别生殖繁衍，都是阴阳五行之气流动变化所形成的自然状态。

《中庸》说："自然的规律就是性。"② 这是由于在出生时人和物的性受到天和自然的规定限制，所以叫作天命。《大戴礼》说："道所分配的叫作命，人和物得到分配，形成一定的形体与意识，叫作性。"③ 从道得到分配，就是从阴阳五行之气得到分配。一讲到分，就从开始有限制，有全面和片面，厚重和薄弱，清白和混浊，昏暗和光亮等等的不同。人和物按照所分得的阴阳五行而形成一定特性，也就是各自形成自己的本

---

① 《易·系辞上》："一阴一阳之谓道，继之者善也，成之者性也。"戴震这里引用了"成之者性也"。
② 原文见《中庸》第一章。
③ 原文见《大戴礼·本命》。本书卷中《天道》篇前言也引用这句话。

性。性虽然有不同，但大致可以按种类来区分。所以《论语》说"本性是相近的"①，这是讲人与人的本性相近。孟子说："凡是同类都是相似的，为什么对人类就有疑问呢？圣人与我也是同类的人"②，这里讲同种类的生物相似，那么不同种类就互不相似，这是很明显的。所以孟子对告子的"生命的现象就是性"加以诘问，说："照这样讲，狗的生命和牛的生命也是一样，牛的生命与人的生命也都是一样的吗"③，这说明了不同种类不能混淆起来相提并论。天的道，只是阴阳五行之气罢了。人和物的性，都是从道分得一部分阴阳五行，因而形成它们各自不同的特定本性罢了。

【问答一提要】

论证程朱提出"气质之性"以区别于本性不符合孔孟的言论，正面论述仁义礼智的本性不能离开血气心知的气质之性，指出后儒程朱的理论掺杂了老、庄、佛教的见解。

【原 文】

问：《论语》言性相近，《孟子》言性善，自程子朱子始别之，以为截然各言一性，朱子于《论语》引程子云："此

---

① 原文见《论语·阳货》。
② 原文见《孟子·告子上》。
③ 原文见《孟子·告子上》。

言气质之性，非言性之本也。若言其本，则性即是理，理无不善，孟子之言性善是也，何相近之有哉！"反取告子"生之谓性"之说为合于孔子，程子云："性一也，何以言相近？此止是言气质之性，如俗言性急性缓之类。性安有缓急？此言性者，生之谓性也。"又云："凡言性处，须看立意如何。且如言人性善，性之本也；生之谓性，论其所禀也。孔子言性相近，若论其本，岂可言相近？止论其所禀也。告子所云固是，为孟子问他，他说便不是也。"创立名目曰"气质之性"，而以理当孟子所谓善者为生物之本，程子云："孟子言性，当随文看。不以告子'生之谓性'为不然者，此亦性也，被命受生之后谓之性耳，故不同。继之曰'犬之性犹牛之性，牛之性犹人之性与'，然不害为一。若乃孟子之言善者，乃极本穷源之性。"人与禽兽得之也同，程子所谓"不害为一"，朱子于《中庸》"天命之谓性"释之曰："命，犹令也，性，即理也。天以阴阳五行化生万物，气以成形而理亦赋焉，犹命令也。于是人物之生，因各得其所赋之理以为健顺五常之德，所谓性也。"而致疑于孟子。朱子云："孟子言'人所以异于禽兽者几希'，不知人何故与禽兽异；又言'犬之性犹牛之性，牛之性犹人之性与'，不知人何故与牛犬异。此两处似欠中间一转语，须著说是'形气不同故性亦少异'始得。恐孟子见得人性同处，自是分晓直截，却于这些子未甚察。"是谓性即理，于《孟子》且不可通矣，其不能通于《易》《论语》固宜。孟子闻告子言"生之谓性"，则致诘之；程朱之说，不几助告子而议孟子欤？

曰：程子朱子其初所讲求者，老、庄、释氏也。老、庄、释氏自贵其神而外形体，显背圣人，毁訾仁义。告子未尝有神与形之别，故言"食色，性也"，而亦尚其自然，故言"性无善无不善"；虽未尝毁訾仁义，而以杯棬喻义，则是戕杞柳始为杯棬，其指归与老、庄、释氏不异也。

凡血气之属，皆知怀生畏死，因而趋利避害；虽明暗不同，不出乎怀生畏死者同也。人之异于禽兽不在是。禽兽知母而不知父，限于知觉也；然爱其生之者及爱其所生，与雌雄牝牡之相爱，同类之不相噬，习处之不相啮，进乎怀生畏死矣。一私于身，一及于身之所亲，皆仁之属也。私于身者，仁其身也；及于身之所亲者，仁其所亲也；心知之发乎自然有如是。人之异于禽兽亦不在是。

告子以自然为性使之然，以义为非自然，转制其自然，使之强而相从，故言"仁，内也，非外也；义，外也，非内也"，立说之指归，保其生而已矣。

陆子静云："恶能害心，善亦能害心。"此言实老、庄、告子、释氏之宗指，贵其自然以保其生。诚见穷人欲而流于恶者适足害生，即慕仁义为善，劳于问学，殚思竭虑，亦于生耗损，于此见定而心不动。其"生之谓性"之说如是也，岂得合于孔子哉！

《易》《论语》《孟子》之书，其言性也，咸就其分于阴阳五行以成性为言；成，则人与百物，偏全、厚薄、清浊、昏明限于所分者各殊，徒曰生而已矣，适同人于犬牛而不察其殊。

朱子释《孟子》有曰："告子不知性之为理，而以所谓气者当之，盖徒知知觉运动之蠢然者，人与物同，而不知仁义礼智之粹然者，人与物异也。"如其说，孟子但举人物诘之可矣，又何分[1]牛之性犬之性乎？犬与牛之异，非有仁义礼智之粹然者，不得谓孟子以仁义礼智诘告子明矣。

在告子既以知觉运动为性，使知觉运动之蠢然者人与物同，告子何不可直应之曰"然"？斯以见知觉运动之不可概人物，而目为蠢然同也。

凡有生，即不隔于天地之气化。阴阳五行之运而不已，天地之气化也，人物之生生本乎是，由其分而有之不齐，是以成性各殊。

知觉运动者，统乎生之全言之也，由其成性各殊，是以本之以生，见乎知觉运动也亦殊。气之自然潜运，飞潜动植皆同，此生生之机肖乎天地者也，而其本受之气，与所资以养者之气则不同。所资以养者之气，虽由外而入，大致以本受之气召之。

五行有生克，遇其克之者则伤，甚则死，此可知性之各殊矣。本受之气及所资以养者之气，必相得而不相逆，斯外内为一，其分于天地之气化以生，本相得，不相逆也。气运而形不动者，卉木是也；凡有血气者，皆形能动者也。由其成性各殊，故形质各殊；则其形质之动而为百体之用者，利用不利用亦殊。

知觉云者，如寐而寤曰觉，心之所通曰知，百体皆能觉，而心之知觉为大。凡相忘于习则不觉，见异焉乃觉。鱼相忘于水，其非生于水者不能相忘于水也，则觉不觉亦有殊致矣。

闻虫鸟以为候，闻鸡鸣以为辰，彼之感而觉，觉而声应之，又觉之殊致有然矣，无非性使然也。若夫乌之反哺，雎鸠之有别，蜂蚁之知君臣，豺之祭兽，獭之祭鱼，合于人之所谓仁义者矣，而各由性成。人则能扩充其知至于神明，仁义礼智无不全也。仁义礼智非他，心之明之所止也，知之极其量也。知觉运动者，人物之生；知觉运动之所以异者，人物之殊其性。

孟子曰："心之所同然者，谓理也，义也；圣人先得我心之所同然耳。"于义外之说必致其辨，言理义之为性，非言性之为理。

性者，血气心知本乎阴阳五行，人物莫不区以别焉是也，而理义者，人之心知，有思辄通，能不惑乎所行也。"孟子道性善，言必称尧舜"，非谓尽人生而尧舜也。自尧舜而下，其等差凡几？则其气禀固不齐，岂得谓非性有不同？

然人之心知，于人伦日用，随在而知恻隐，知羞恶，知恭敬辞让，知是非，端绪可举，此之谓性善。于其知恻隐，则扩而充之，仁无不尽；于其知羞恶，则扩而充之，义无不尽；于其知恭敬辞让，则扩而充之，礼无不尽；于其知是非，则扩而充之，智无不尽。仁义礼智，懿德之目也。

孟子言"今人乍见孺子将入井，皆有怵惕恻隐之心"，然则所谓恻隐、所谓仁者，非心知之外别"如有物焉藏于心"也。已知怀生而畏死，故怵惕于孺子之危，恻隐于孺子之死，使无怀生畏死之心，又焉有怵惕恻隐之心？推之羞恶、辞让、是非亦然。使饮食男女与夫感于物而动者脱然无之，以归于静，归于一，又焉有羞恶，有辞让，有是非？此可以明仁义礼智非他，不过怀生畏死，饮食男女，与夫感于物而动者之皆不可脱然无之，以归于静，归于一，而恃人之心知异于禽兽，能不惑乎所行，即为懿德耳。

古贤圣所谓仁义礼智，不求于所谓欲之外，不离乎血气心知，而后儒以为别如有物凑泊附着以为性，由杂乎老、庄、释氏之言，终昧于《六经》、孔、孟之言故也。

孟子言"人无有不善"，以人之心知异于禽兽，能不惑乎所行之为善。且其所谓善也，初非无等差之善，即孔子所云"相近"；孟子所谓"苟得其养，无物不长；苟失其养，无物不消"，所谓"求则得之，舍则失之；或相倍蓰而无算者，不能尽其才者也"，即孔子所云习至于相远。不能尽其才，言不扩充其心知而长恶遂非也。彼悖乎礼义者，亦自知其失也，是人无有不善，以长恶遂非，故性虽善，不乏小人。孟子所谓"梏之反覆"，"违禽兽不远"，即孔子所云"下愚之不移"。后儒未审其文义，遂彼此扞格。

孟子曰："如使口之于味也，其性与人殊，若犬马之与我不同类也，则天下何尝皆从易牙之于味也！"又言"动心忍性"，是孟子矢口言之，无非血气心知之性。孟子言性，曷尝自岐为二哉！二之者，宋儒也。

【注　释】

[1] 中华书局本原按："何分"原作"分何"。

【译　文】

问一：《论语》说性是相近的，《孟子》说性是善的。到了程朱，开始对这两种说法加以区别。他们认为孔子与孟子所讲的性是截然不同的两种性（朱子在《论语集注》中〔"性相近也"一句下面〕引程子的话说："这是讲气质之性，不是指性的本来状态。如果说性的本源，那么性就是理，理没有不是善的，就是孟子说的性是善的，有什么'相近'可说呢"①），反而认为告子的"生命现象就是性"与孔子的说法相同（程子说："性是一样的，为什么要说相近似？因为这只是讲气质之性，如一般人说性急、性慢等等。至于本性，怎会有急的和慢的呢？这里〔孔子〕所说的性，就是〔告子所谓的〕'生命就是性'②。"〔程子〕又说："凡是论性的言论，要看从什么角度来说。如说人性善，这是从性的本质来说的；说生命就是性，这是从所禀受的形体气质方面来说的。孔子说性相近，若从性的本质而言，岂能说相近？他不过是从所禀受的形体气质方面来说的罢了。告子所说的〔生命就是性〕本来没有错。但由于孟子〔从性的根本方面〕问他，而他的说法〔是从性的表现方面回答〕，所以就错了"③）。程朱他们创造出一个名词叫"气质之性"，而把"理"用来充当孟子所说的"善"，认为理是产生一切事物的根本（程子说："孟子论性的地方，要按照上下文来看。之所以不把告子'生命就是性'认为是不对的，是因为这也是性，是得到天所给予的生命以后所形成的性。〔由于天的禀赋不同，〕所以性有不同。孟子接着说'难道狗的性就是牛的性，牛的性就是人的性吗'，然而这不妨碍性作为生命现象是一样的。至于孟子所说的善性，那

---

① 朱子引程子的话见《论语集注·阳货第十七》。
② 原文见《二程遗书》卷十八。
③ 原文见《二程遗书》卷十八。

是推论到性的最后本源来说的"①），人和其他生物所得到的理是相同的（这就是程子所谓的"不妨碍性是一样的"。朱子在《中庸》"自然的规律就是性"一句下面注解说："命是就令，性就是理。天通过阴阳五行之气的变化产生万物，气形成了形体，理也就赋予在其中，就像命令所安排的一样。所以人和万物的产生，都是由于各自得到天所赋予的理，建立刚健和顺的五常道德概念，这就是性"②），因而对孟子表示怀疑（朱子说："孟子说'人和禽兽的差别是微小的'，但是我不知道人为什么与禽兽有差别；孟子又说'狗的性就是牛的性，牛的性就是人的性吗'，但是不知人性为什么与狗和牛的性不同。孟子在这两处好像少说了一句转接的话，应该加一句'由于天赋的形体气质不同，所以〔人和物的〕性也稍有不同'才可以。恐怕孟子看到了人性在根本上相同的地方，那当然是讲得直截了当的，而对于形体气质方面的一些差异，却看得不太清楚"③）。这样看来，〔宋儒〕说"性就是理"④，在《孟子》中都讲不通。在《易经》《论语》肯定也

---

① 原文见《二程遗书》卷三。
② 这是朱熹在《中庸章句》第一章中的注释语，五常指仁义礼智信。汉代班固《白虎通·情性篇》说："人得五气以为常，仁义礼智信是也。"
③ 原文见《朱子语类》卷四《人物之性气质之性》。
④ 原文"性即理"。《二程遗书》卷十八："性即是理，理则自尧舜至于途人一也。"又《二程遗书》卷二十："问：性如何？曰：性即理也，所谓理性是也。"

讲不通。孟子听到告子说"生命就是性"① 就进行反驳，程朱的说法，不就是几乎帮助告子来与孟子争论吗？

答：程朱起初所研究探索的是老子、庄子和佛教学说。老、庄、佛教重视自己的精神而把形体看成本身以外的东西，明显违背了〔儒家〕圣人的道理，而且诋毁仁和义。在告子的理论中，形体和神识没有区分，所以说"饮食和男女是人的本性"②。他也主张人性的自然状态，所以说"性无所谓善的和不善的"③。他虽然没有诋毁仁义，但他用杯棬来代表义，那就要损坏了杞柳等材料才能制成杯棬，他的主旨与老、庄、佛教没有什么不同。

凡是有血气的生物都知道求得生存，畏惧死亡，因而趋向有利的方面而避免危害。虽然认识事物的程度有明暗的不同，但对于求得生存和畏惧死亡这一点上是相同的。人和动物的区分不在于这一点。动物知道有母，不知道有父，这是限于知觉认识。然而爱自己的上一代和爱自己的下一代，以及雌雄两性的相爱，同类不相噬食，群居共处不相争斗，这些就接近人类的求生惧死了。一方面顾到自己本身，一方面顾到自己所亲近的同类，这属于仁的概念。顾到本身，是对本身表示仁，顾到自己亲近的同类，是对亲近的同类表示仁，〔生物的〕心灵知觉的自然状态就是这样的表现。人和动物的不同

---

① 原文"生之谓性"，见《孟子·告子上》。
② 原文"食色性也"，见《孟子·告子上》。
③ 原文"性无善无不善"，见《孟子·告子上》。

也不在这一点上。

告子认为自然是本性所表现出的现象,他认为义不属于自然,反而控制自然本性,使自然的本性勉强服从义的规定。所以告子说"仁是本身具有的,不是外加的;义是接触外界以后形成的,不是本身具有的"①。建立这种学说的宗旨,不过是为了保全自己的生存罢了。

陆子静说:"恶对心有妨害,善也对心有害。"② 这话实际是老、庄、告子和佛教的宗旨,重视自然本性而保全自己的生存。他们事实上见到放纵人欲而趋向邪恶的行为正足以妨害生存;即使向往仁义,行为善良,学习艰苦,用尽了思虑,这样也对生命有耗损。因此思想稳定下来,不做各种考虑。他们的"生命就是性"的说法就是如此而已,怎么会符合孔子的言论呢!

《易经》《论语》《孟子》等书中谈到性的地方,都是按照"人和物得到阴阳五行的分配而形成它们的性"来论说的。性的形成过程中,人与万物在全面与片面、厚重与薄弱、清白与混浊、昏暗与明亮等等方面受到分配的限制而各不相同。如果仅仅说"生命就是性",那正是把人与狗和牛等同起来,而未看到它们的区别。

朱子注释《孟子》时有一句话说:"告子不知道性就是

---

① 原文见《孟子·告子上》。
② 原文见《陆象山集》卷三十五《语录》。

理，所以用所谓气来代替。这是由于他仅知道在粗蠢的知觉运动方面人与动物相同，而不知道在精美的仁义礼智方面，人与动物是不同的。"① 如果按照朱子的说法，孟子只要举出人和动物的区别来责问告子就行了，又何必分出狗的性与牛的性不同呢？狗与牛的性不同，不是由于〔狗或牛〕具有仁义礼智的精美道德，很明显不能说孟子把仁义礼智作标准来责问告子。

在告子方面，他既然认为知觉运动是性，假使在粗蠢的知觉与行动上人与动物是相同的，那么〔当孟子责问他"人与狗和牛的性难道都是相同的吗"时〕他为何不可以直接回答说"是相同的"呢？〔然而他没有回答。〕这就看出知觉与行动不能用来概括人与动物，认为它们在这些"粗蠢的"方面是相同的。

凡是有生命的，就不能脱离自然界的气化。阴阳五行之气的流行运动永不停息，就是自然界的气化。人和万物的产生与繁衍的根源就在这里。由于分配给人与万物的阴阳五行不一样，所以形成人和物的性各不相同。

知觉和运动是对生命的全部现象说的，由于各种生物形成性时各不相同，它们据以生存的因素和表现在知觉与行动上的现象也各不相同。阴阳五行之气的自然隐秘的运动变化，对于天上飞的、水中游的，以及各种动植物来说都是相同的，生物

---

① 这是《孟子集注·告子上》"生之谓性"一节朱熹注释的话。

的这种生存与不断生存的机能是与天地自然界一致的。但是生物本身所禀受的气与依靠作为滋养的气则是不同的,依靠滋养的气,虽然由外界进入,大体上是由本身禀受的气所吸引的。

水、火、木、金、土五行,有的相生,有的相克,遇到相克的就要受伤,甚至死亡,这可以看出性各不相同。本身的气与依靠作为滋养的气必须协调而不互相排斥,才能使〔生物的〕外界与内部一致。生物由于天地阴阳五行之气的分配而产生,本来是互相协调而不相排斥的。阴阳五行之气在流行运动而形体不动的,是花木之类的东西。凡有血肉气质的生物,都是具有形体而能行动的。由于本性在形成中的因素不同,所以形体气质各不相同,从而形气的运动表现为四肢五官的动作,以及这些动作的便利与不便利也有不同。

说到知觉,例如睡眠醒来叫觉,心灵的认识叫知。各个器官都能觉,但是心的知觉是最重要的。事情习惯以后,就不再有感觉,在见到与习惯不同的事物时才感觉到。譬如鱼不感觉到它在水中,而那些不在水中生活的动物则不能〔像鱼一样〕没有感觉。由此可见,在对某一事物有感觉和没有感觉上不同生物也有不同。

听到虫鸟的叫声可以知道季节,听鸡叫可以知道时刻。这些动物感受季节与时刻的变化而有知觉,有了知觉用声音作出反应,这又是感觉上的不同功能所产生的,所有这些情况都是本性在起作用。至于乌鸦反哺父母,雎鸠分别雌雄,蜂群和蚁群中有王和后及臣属,豺狗把捕得的兽排列起来,水獭把捕得的鱼排列起来，像祭祀一样，都符合人们所称的仁和义了，然而这些行动也无非都是由本性所形成的。只有人才能扩大充实他的知觉，进入明了一切的程度，使仁、义、礼、智等特点完全具备。仁义礼智不是别的，就是心灵的明察到达充分的程度，认识和知觉趋向最高极限。知觉和运动说明了人和万物的生存，知觉与运动在程度上的区别说明人和万物在本性上的差异。

孟子说："人心所共同肯定的是指理和义，圣人首先掌握我们心中共同的想法罢了。"① 他对于义的观念是外加的说法一定要辩论，指出理和义是本性所具有的，而本性不是理所派生的。

性这概念，是指根据阴阳五行而形成的血肉气质和心灵感知，人和万物都在性的内容特点上有所区别。而理和义的概念是指人的心灵知觉在思维时能通达明了，在行动时不发生迷惑。"孟子谈到人的性善，必然引证尧和舜"②，这不是指所有人生下来都是尧舜。从尧舜往下推算，在道德程度上的差别有多少？那么人们所禀受的阴阳五行之气实际上有不同，难道不就是说人性是有差别的吗？

然而人的心灵知觉在日常生活中，随着不同境遇而产生同情心，具有惭愧羞耻的心理，知道恭敬谦让，能够辨别是

---

① 原文见《孟子·告子上》。
② 原文见《孟子·滕文公上》。

非，这一条条可以列举出来，就是人性的善。在表达同情心时进一步扩充，就充分具备了仁；在知道惭愧或羞耻时进一步扩充，就充分具备了义；在懂得恭敬谦让时进一步扩充，就充分具备了礼；在辨别是非时进一步扩充，就充分具备了智。仁、义、礼、智都是美德的名目。

孟子说"如果人们忽然见到小孩将要掉下井去，他们都有惊恐同情的心理"①，这说明所谓同情心，所谓仁的意念，并不是在心灵知觉以外，"如有另外一个东西藏在心中"。自己知道求生而怕死，所以对于小孩的危险表示惊恐，对小孩的死亡表示同情。如果没有要求生存，畏惧死亡的心理，又怎能产生恐慌和同情的意念？以此来推论惭愧的思想、谦让的态度以及对是非的判断，也都一样。如果没有饮食男女的欲望，以及外界事物所引起的思想活动，而进入虚静无欲的境界，又怎会有惭愧、谦让，以及是非的辨别？这可以看出仁、义、礼、智不是别的，不过是要求生存，恐惧死亡以及对饮食男女的欲望和感受外物影响所产生的活动，都不可以轻易地抛弃，而进入所谓虚静无欲的状态，但是由于人的心灵知觉与动物不同，能够在行动中不产生迷惑，这就是优美的德性了。

古代贤人、圣人所说的仁、义、礼、智不脱离人的欲望以外去求索，不离开人的血气和心知去取得。而后儒认为这些好像是另外一个东西拼凑依附在形体中而形成本性，这是由于他

---

① 原文见《孟子·公孙丑上》。

们的思想中掺杂了老、庄、佛教的言论，最后不明白《六经》、孔、孟言论的原故。

　　孟子说"人的本性没有不是善的"①，这是由于人的心灵知觉与动物不同，在行动中不会迷惑而走入邪恶，所以称为善。但孟子所说的善不是没有程度上的差别的善，这就是孔子所说的"〔人性是〕相近的"②。孟子说的"一切生物如果得到调养，没有不成长的；如果失去调养，没有不消亡的"，"〔对于善性〕如果去寻求，就能得到，如果放弃寻求，就要失去。人们善良的本性表现不一致，有的相差一倍或五倍以上，这是由于有些人不能充分发挥他们天赋的才能"③，就是孔子说的习惯的影响使人们本性的差别和距离扩大了。④〔孟子说的〕"不能充分发挥才能"⑤，是说有些人不能扩充心灵知觉的能力而达到善的地步，反而增长了邪恶的思想，顺从错误意念。那些违背礼义的人，自己也知道错误，这说明人的本性没有不良善的，但由于产生邪恶，放纵错误思想，所以虽然人的本性善良但也有不少道德不高尚的小人。孟子说的"〔善良的人性〕经过反复销蚀……距离禽兽〔的性〕就不远

---

① 原文见《孟子·告子上》。
② 原文见《论语·阳货》。
③ 原文均见《孟子·告子上》。
④ 原文见《论语·阳货》："子曰：性相近也，习相远也"。
⑤ 原文见《孟子·告子上》。

了"①，就是孔子所说的"最愚昧的人不能够转变"②。后儒没有清楚孟子原文的本义，就以为孔、孟两种言论格格不入。

孟子说："如果口对于美味的要求人人各不相同，好像狗和牛的性与人的性不同一样，那么为什么天下的人对美味的嗜好都像易牙对于美味一样呢？"③又说："使心志奋发，使性格坚忍"④。可见孟子所不断阐说的，都是血气心知的性。孟子论性，何尝有自我分歧的地方？把性分歧为两部分的是宋儒。

【问答二提要】

指出下愚的人通过学习是可以改变的。

【原 文】

问：凡血气之属皆有精爽，而人之精爽可进于神明。《论语》称"上智与下愚不移"，此不待习而相远者；虽习不足以移之，岂下愚之精爽与物等欤？

曰：生而下愚，其人难与言理义，由自绝于学，是以不移。然苟畏威怀惠，一旦触于所畏所怀之人，启其

---

① 原文见《孟子·告子上》。
② 原文见《论语·阳货》。
③ 原文见《孟子·告子上》"富岁子弟"条。
④ 原文见《孟子·告子上》"天将降大任"条。

心而憬然觉寤，往往有之。苟悔而从善，则非下愚矣；加之以学，则日进于智矣。以不移定为下愚，又往往在知善而不为，知不善而为之者，故曰不移，不曰不可移。虽古今不乏下愚，而其精爽几与物等者，亦究异于物，无不可移也。

【译 文】

问二：凡是有血气的动物都有一种精明的知觉能力，而人的知觉可以达到无所不知的神明地步。《论语》说"最有智慧的与最愚昧的人是没有变化的"[1]，这两种情况不是环境的影响所形成的，而是本来就相差很远，即使环境和习惯也不能改变。难道最愚昧的人他们的精明觉察能力只和其他动物相同吗？

答：对于从出生起就是最愚昧的人，不容易和他们谈论理和义，由于他们自身拒绝学习，所以没有变化。然而如果使他们对威严感到畏惧，对恩惠感到怀念，一旦他们遇到畏惧、怀念的人启发他们的心思，就会觉悟过来，这种情况是常有的。如果改悔而趋向善良，那就不是最愚昧的了；再加上学习，那就可以逐日进步，达到智慧的状态。把最愚昧的人认定成不能改变，常是对于知道善而不去做和知道不善而去做的人来说的，所以说他们没有改变，但不是说不能改变。虽然从古到今

---

[1] 原文"上智与下愚不移"，见《论语·阳货》。

有不少最愚昧的人，他们精明知觉的程度几乎与动物一样，但终究与动物不同，因为这些人中没有一个是不可以转变的。

【问答三提要】

论述孔子言"性相近"与孟子言"性善"二者是一致的，再次指出下愚的人也有人性，不是不能移易转变的。

【原　文】

问：孟子之时，因告子诸人纷纷各立异说，故直以性善断之；孔子但言相近，意在于警人慎习，非因论性而发，故不必直断曰善欤？

曰：然。古贤圣之言至易知也。如古今之常语，凡指斥下愚者，矢口言之，每曰"此无人性"，稍举其善端，则曰"此犹有人性"。以人性为善称，是不言性者，其言皆协于孟子，而言性者转失之。无人性即所谓人见其禽兽也，有人性即相近也，善也。《论语》言相近，正见"人无有不善"；若不善，与善相反，其远已县绝，何近之有！

分别性与习，然后有不善，而不可以不善归性。凡得养失养及陷溺梏亡，咸属于习。至下愚之不移，则生而蔽锢，其明善也难而流为恶也易，究之性能开通，非不可移，视禽兽之不能开通亦异也。

【译 文】

问三：孟子的时代，由于告子等人纷纷创立异端学说，所以孟子直接用性善作为标准来进行判断。孔子只说性是相近的，他的原意是要人们对习惯的形成慎重警惕，并不是为论性而发表这一见解的，所以没有直接提出性善来。不知这样理解对不对？

答：对。古代圣贤的言论是非常明白的。譬如从古到今在通常谈话中，凡是指责最愚昧的人时，经常随口很快地说"这没有人性"，如稍微提出他一些好处，就会说"这还有点人性"。把人性作为善的代称，可见那些不谈论性的人所说的话都符合孟子的〔性善论〕，而那些讨论人性的〔宋儒〕反而失去了孟子的原意。没有人性，就是〔孟子〕所谓的人们看到他好像禽兽一样，有人性就是〔孔子所说的〕互相近似，也就是善。《论语》说"人性相近似"[1]，正是说明"人性没有不是善的"[2]，如果有不善，而与善相反，那就距离很远，怎会相近呢！

把人的本性以及受习惯环境影响而产生的性加以区别，然后有不善的行为，但不可以把不善的根源认为出于本性。凡是

---

[1] 原文见《论语·阳货》。
[2] 原文见《孟子·告子上》。

人性的"得到调养与失去调养"以及"沉沦堕落""消磨丧失"①等等情况,都属于习惯。至于最愚昧的人没有改变,是由于出生以后便蒙昧不开化,这种人懂得善良很困难,而趋向邪恶很容易。但是说到底,人性是能够启发开通,而不是不能改变的,与动物的不能开化也是不同的。

【问答四提要】

论智、愚是程度上的差别,而善、恶是相反的概念。同时指出智者足以知仁,知礼义。

【原文】

问:孟子言性,举仁义礼智四端,与孔子之举智愚有异乎?

曰:人之相去,远近明昧,其大较也,学则就其昧焉者牖之明而已矣。人虽有智有愚,大致相近,而智愚之甚远者盖鲜。智愚者,远近等差殊科,而非相反;善恶则相反之名,非远近之名。知人之成性,其不齐在智

---

① 原文为"得养失养""陷溺梏亡",是《孟子·告子上》"苟得其养,无物不长,苟失其养,无物不消","非天之降才尔殊也,其所以陷溺其心者然也","梏之反复,则其夜气不足以存"等句的概括。

愚，亦可知任其愚而不学不思乃流为恶。愚非恶也，人无有不善明矣。

举智而不及仁、不及礼义者，智于天地、人物、事为咸足以知其不易之则，仁有不至，礼义有不尽，可谓不易之则哉？发明孔子之道者，孟子也，无异也。

【译　文】

问四：孟子论性举出仁、义、礼、智四个方面，这和孔子所举的智和愚有区别吗？

答：人性之间的差别，大致表现在相距远近以及明智和愚昧的程度上。通过学习，可以使蒙昧的方面得到启发而达到明智罢了。人与人之间虽然有的聪明智慧，有的愚昧闭塞，然而大致上互相接近，智慧和愚昧相差很远的并不多。智和愚是远近程度的不同，而不是相反；善与恶则是相反的概念，不是距离远近的概念。由此可知人性在形成时，所不同的地方在智和愚的程度不同，也可以知道放任自己的愚昧，不学习，不思考，就会流向邪恶。愚昧不是邪恶，〔孟子说〕"人性没有不善的"① 就很明白了。

〔孔子〕提出智和愚而不提到仁，不提到礼义，这是由于对于天地自然界，对于人和万物，以及对于一切事件，"智"都能够认识它们不可改变的法则。如果仁有欠缺，礼义有不

---

① 　原文见《孟子·告子上》。

足，怎能说是认识了不可改变的法则呢？① 发挥与说明孔子学说的是孟子，两人并没有相异之处。

【问答五提要】

论荀子重学习是正确的，但他认为礼义是后天通过学习所得，而不是本性中所具有的，这是不知道性的全部。

【原　文】

问：孟子言性善，门弟子如公都子已列三说，茫然不知性善之是而三说之非。荀子在孟子后，直以为性恶，而伸其崇礼义之说。荀子既知崇礼义，与老子言"礼者忠信之薄而乱之首"及告子"外义"，所见悬殊；又闻孟子性善之辨，于孟子言"圣人先得我心之所同然"亦必闻之矣，而犹与之异，何也？

曰：荀子非不知人之可以为圣人也，其言性恶也，曰："涂之人可以为禹。""涂之人者，皆内可以知父子之义，外可以知君臣之正。""其可以知之质，可以能之具，在涂之人，其可以为禹明矣。""使涂之人伏术为学，专心一志，思索孰察，加日县久，积善而不息，则通于神明，参于天地矣。故圣人者，人之所积而

---

① 这句意为：可见有了智，就对仁和礼义有了认识与掌握。

致（也）〔矣〕。""圣可积而致，然而皆不可积，何也？""可以而不可使也"。"涂之人可以为禹则然，涂之人能为禹，未必然也；虽不能为禹，无害可以为禹。"此于性善之说不惟不相悖，而且若相发明，终断之曰："足可以遍行天下，然而未尝有能遍行天下者也。""能不能之与可不可，其不（可）同远矣。"

盖荀子之见，归重于学，而不知性之全体。其言出于尊圣人，出于重学崇礼义。首之以《劝学篇》，有曰："诵数以贯之，思索以通之，为其人以处之，除其害者以持养之。"又曰："积善成德，神明自得，圣心循焉[1]。"

荀子之善言学如是。且所谓通于神明，参于天地者，又知礼义之极致，圣人与天地合其德在是，圣人复起，岂能易其言哉！而于礼义与性，卒视若阂隔不可通。以圣人异于常人，以礼义出于圣人之心，常人学然后能明礼义，若顺其性之自然，则生争夺；以礼义为制其性，去争夺者也，因性恶而加矫揉之功，使进于善，故贵礼义；苟顺其自然而无争夺，安用礼义为哉！

又以礼义虽人皆可以知，可以能，圣人虽人之可积而致，然必由于学。弗学而能，乃属之性；学而后能，弗学虽可以而不能，不得属之性。此荀子立说之所以异于孟子也。

【注 释】

[1] 冒按：此引《荀子·劝学篇》。《荀子》通行本原"循"作"备"，卢文弨依元刻本改"备"为"循"，戴震即依卢改。王念孙谓当作"备"，作"循"系形近而误。王说详见《赞书杂志·荀子第一》。

【译 文】

问五：孟子主张性善，他的学生公都子已另外举出三点说法，公都子糊涂而不明白性善论的正确和三点说法的错误。① 荀子在孟子以后，他直接主张性是恶的，同时发挥他的重视礼义的学说。荀子既然知道重视礼义，他的说法就与老子说的"礼义是忠信衰薄之后的产物，是混乱的开始"，以及告子认为"义是外界强加的"的说法，在见解上相差很远。荀子又听说孟子辨明性善的理论，对孟子说的"圣人先得到人们心中所共同肯定的理义"② 也一定了解。而他还是提出与孟子相异的说法，这是什么原因？

答：荀子并非不知道人可以成为圣人。他论性恶时说："路上的普通人也可以成为像禹这样的圣人。""路上的人都是对内知道父子之间的义，对外知道君臣之间的正道的。""能

---

① 公都子三说是：一、性无善无不善。二、性可以为善可以为不善。三、性有善有不善。原文见《孟子·告子上》"公都子"章。
② 原文见《孟子·告子上》"富岁子弟"章。

够知道，能够做到的本质和能力路上的普通人都具备，因此他有可能成为禹是很明显的。""如果路上的普通人从事学习，专心一意，深刻思考，详细观察，再加上时间长久，不断积累善良行为，就能达到无所不知的神明境界，与天地配合。所以说圣人的境界是人不断积累而达到的。""圣人可以经过积累达到，但是人们都不能积累，是什么原因？""这是由于一个人有可能达到圣人，但不是必定能达到圣人。""路上的人都有可能成为禹是对的，路上的人必定能成为禹则不一定对。虽然不能成为禹，但不妨碍他具有成为禹的可能性。"①以上这些说法，不但与孟子的性善论不相违背，而且好像还互相补充发挥。荀子最后下结论说："脚可以在天下到处行走，然而没有走遍天下的人。""实际上能不能做到与可不可以做到，两者的不同是很大的。"②

　　看来荀子的见解，倾向重视学习，但又不了解性的全部。他的言论出发点在于尊重圣人，在于重视学习，推崇礼义。他的书中以《劝学》作为第一篇，其中说："学者反复诵读，以求贯穿，考虑思索以求通晓。仿效完善美好的人处理事情，除去有害的思想行为来坚持修养。"又说："善良行动积累起来形成道德，达到神明而无所不知的地步，圣人的心意都具备了。"

---

① 所引原文均见《荀子·性恶》。
② 原文见《荀子·性恶》。

荀子就是这样善于谈论学习的。而且他所说的达到神明无所不知，与天地自然界并列，说明他懂得礼和义的最高标准是"圣人的道德与天地的道德是一样的"①，即使圣人再出现在世上，也不会改变这一说法。但是对于礼义和性的关系，荀子最终认为二者是阻隔不相通的。他以为圣人不同于普通人，礼和义是圣人心中所具有的，普通人要学习才能明晓礼义。如果顺从本性自然发展，就要发生争夺。礼义是用来制约本性、消除争夺的，因为人性恶，要加以治理的功夫才能趋向善良，所以要重视礼义。如果顺着本性自然发展而没有争夺，礼义又有什么用呢？

　　荀子又认为虽然人人都可以知道礼义，做到符合礼义，也可以通过积累而达到圣人的地步，但是必须通过学习。不通过学习而具有的能力，属于性；学习以后才具有，以及不通过学习虽然有可能但实际没有的能力，不应该属于性。② 这些就是荀子的理论与孟子不同的原因。

---

① 原文为"圣人与天地合其德"。《易经·乾卦·文言》中有"大人者，与天地合其德"。
② 以上为戴震概括荀子之意。《荀子·性恶》的原文是："礼义者，圣人之所生也，人之所学而能，所事而成者也。不可学，不可事而在人者谓之性。可学可事而成之在人者，谓之伪。"

【问答六提要】

再论荀子与孟子的区别。孟子认为仁、义、礼、智是本性，荀子认为这些不是本性，要通过学习才能具有。

【原文】

问：荀子于礼义与性视若阂隔而不可通，其蔽安在？今何以决彼之非而信孟子之是？

曰：荀子知礼义为圣人之教，而不知礼义亦出于性；知礼义为明于其必然，而不知必然乃自然之极则，适以完其自然也。就孟子之书观之，明理义之为性；举仁义礼智以言性者，以为亦出于性之自然，人皆弗学而能，学以扩而充之耳。荀子之重学也，无于内而取于外；孟子之重学也，有于内而资于外。夫资于饮食，能为身之营卫血气者，所资以养者之气，与其身本受之气，原于天地非二也。故所资虽在外，能化为血气以益其内，未有内无本受之气，与外相得而徒资焉者也。问学之于德性亦然。有己之德性，而问学以通乎古贤圣之德性，是资于古贤圣所言德性埤益己之德性也。

冶金若水，而不闻以金益水，以水益金，岂可云己本无善，己无天德，而积善成德，如罍之受水哉！

以是断之，荀子之所谓性，孟子非不谓之性，然而荀子举其小而遗其大也，孟子明其大而非舍其小也。

【译文】

问六：荀子认为礼义和性互相隔离不相通，这种说法错在哪里？怎样来断定他的错误而相信孟子是正确的呢？

答：荀子知道礼义是圣人的教导，而不知道礼义也是出于本性的；知道礼义就是掌握事物的必然法则，但不知道必然是自然的最终准则，也正是自然的完整表现。而从孟子的书中看，他明确指出理义是性。他举出仁、义、礼、智来说明性，以为这些美德也出于自然的天性，人们不通过学习都能具有，学习是用来扩大充实这些美德罢了。可见荀子重视学习，是认为人本身没有〔德性〕，而是从外部取得的。孟子重视学习，是认为人本身便有〔德性〕，而且从外部得到补充。从外部取得饮食，可以成为本身的血肉气质，所取得作为营养的五行之气，与本身原来禀受的五行之气，都是原本于天地自然界的，不是两种性质。因此所取得的饮食虽然是外部的，但是可以变化成血肉气质而增益内部。如果不是内部原来禀受的气与从外界吸收的气互相调和一致，而仅仅依靠从外部取得滋养，那是不可能的。学习与道德本性的关系也是这样。有了自己的德性，而通过问学通晓古贤圣的德性，这就是资取古圣贤的道德来补充自己的道德。

金属熔解后像水一样，但是不可能把金的熔液加入水中，也不能用水来增益金属熔液〔，这是由于金和水的性质不同〕。〔用这比喻来看,〕怎么能说自己本身没有善良的特点,没有自然的德性,而〔如荀子所说,〕"积累善行,形成道德"① 就像空瓶接受水的注入一样呢!

根据以上论证可以判断,荀子所说的性,孟子并没有不认为是性,但是荀子举出小的方面而遗落了大的方面,孟子阐明了大的方面,也没有舍弃小的方面。②

【问答七提要】

罗列告子、荀子、扬雄、韩愈等论性的言论,分析程朱与他们的异同。再次指出程朱借用老、庄、佛教的见解论性,并非《六经》、孔、孟的原意。

【原　文】

问:告子言"生之谓性",言"性无善无不善",言"食色性也,仁内义外",朱子以为同于释氏;朱子云:"生,指人物之所以知觉运动者而言,与近世佛氏所谓'作用是性'者略相似。"又云:"告子以人之知觉运动者为性,故言人之甘食悦色者即其性。"其"杞柳""湍水"之喻,又以为同于荀扬;朱子于"杞柳"之喻云:"如荀子性恶之说。"于"湍水"之喻云:"近于扬子善恶混之说。"然则荀扬亦与释氏同欤?

---

① 原文"积善成德",见《荀子·劝学》。
② "大的方面"指本性原有礼义,"小的方面"指通过学习扩充礼义。

曰：否。荀扬所谓性者，古今同谓之性，即后儒称为"气质之性"者也，但不当遗理义而以为恶耳。

在孟子时，则公都子引或曰"性可以为善，可以为不善"，或曰"有性善，有性不善"，言不同而所指之性同。荀子见于圣人生而神明者，不可概之人人，其下皆学而后善，顺其自然则流于恶，故以恶加之；论似偏，与"有性不善"合，然谓礼义为圣心，是圣人之性独善，实兼公都子两引"或曰"之说。

扬子见于长善则为善人，长恶则为恶人，故曰"人之性也善恶混"，又曰"学则正，否则邪"，与荀子论断似参差而匪异。

韩子言"性之品有上中下三，上焉者善焉而已矣，中焉者可道而上下也，下焉者恶焉而已矣"，此即公都子两引"或曰"之说会通为一。

朱子云："气质之性固有美恶之不同矣，然以其初而言，皆不甚相远也，但习于善则善，习于恶则恶，于是始相远耳。""人之气质，相近之中又有美恶，一定，而非习之所能移也。"直会通公都子两引"或曰"之说解《论语》矣。

程子云："有自幼而善，有自幼而恶，是气禀有然也。善固性也，然恶亦不可不谓之性也。"《朱子语类》："问：'恶是气禀，如何云亦不可不谓之性？'曰：'既是气禀，恶便牵引得那性不好。盖性止是搭附在气禀上，既是气禀不好，便和那性坏了。'"又云："如水为泥沙所混，不成不唤做水。"此与"有性善，有性不善"合，而于"性可以为善，可以为不善"亦未尝不兼；特彼仍其性之名，此别之曰气禀耳。

程子又云："'人生而静'以上不容说，才说性时，便已不是性也。"朱子释之云："'人生而静'以上是人物未生时，止可谓之理，未可名为性，所谓'在天曰命'也。才说性时便是人生以后，此理已堕在形气中，不全是性之本体矣。所谓'在人曰性'也。"

据《乐记》，'人生而静"与"感于物而动"对言之，谓方其未感，非谓人物未生也。《中庸》"天命之谓性"，谓气禀之不齐，各限于生初，非以理为在天在人异其名也。况如其说，是孟子乃追遡人物未生，未可名性之时而曰性善；若就名性之时，已是人生以后，已堕在形气中，安得断之曰善？由是言之，将天下古今惟上圣之性不失其性之本体，自上圣而下，语人之性，皆失其性之本体。人之为人，舍气禀气质，将以何者谓之人哉？

是孟子言人无有不善者，程子朱子言人无有不恶，其视理俨如有物，以善归理，虽显遵孟子性善之云，究之孟子就人言之者，程朱乃离人而空论夫理，故谓孟子"论性不论气不备"。若不视理如有物，而其见于气质不善，卒难通于孟子之直断曰善。

宋儒立说，似同于孟子而实异，似异于荀子而实同也。孟子不曰"性无有不善"，而曰"人无有不善"。性者，飞潜动植之通名；性善者，论人之性也。如飞潜动植，举凡品物之性，皆就其气类别之。人物分于阴阳五行以成性，舍气类，更无性之名。医家用药，在精辨其气类之殊。不别其性，则能杀人。使曰"此气类之殊者已不是性"，良医信之乎？

试观之桃与杏：取其核而种之，萌芽甲坼，根榦枝叶，为华为实，形色臭味，桃非杏也，杏非桃也，无一不可区别。由性之不同，是以然也。其性存乎核中之白，即俗呼桃仁杏仁者。形色臭味无一或阙也。凡植禾稼卉木，畜鸟兽虫鱼，皆务知其性。知其性者，知其气类之殊，乃能使之硕大蕃滋也。何独至于人而指夫分于阴阳五行以成性者，曰"此已不是性也"，岂其然哉？

自古及今，统人与百物之性以为言，气类各殊是也。专言乎血气之伦，不独气类各殊，而知觉亦殊。人以有礼义，异于禽兽，实人之知觉大远乎物则然，此孟子所谓性善。而荀子视礼义为常人心知所不及，故别而归之圣人。程子朱子见于生知安行者罕觏，谓气质不得概之曰善，荀扬之见固如是也。

特以如此则悖于孟子，故截气质为一性，言君子不谓之性；截理义为一性，别而归之天，以附合孟子。其归之天不归之圣人者，以理为人与我，是理者，我之本无也；以理为天与我，庶几凑泊附着，可融为一。是借天为说，闻者不复疑于本无，遂信天与之得为本有耳。

彼荀子见学之不可以已，非本无，何待于学？而程子朱子亦见学之不可以已，其本有者，何以又待于学？故谓"为气质所污坏"，以便于言本有者之转而如本无也。于是性之名移而加之理，而气化生人生物，适以病性。性譬水之清，因地而污浊，程子云："有流而至海，终无所污，此何烦人力之为也；有流而未远，固已渐浊；有出而甚远，方有所浊。有浊之多者，有浊之少者，清浊虽不同，然不可以浊者不为水也。如此，则人不可以不加澄治之功。故用力敏勇，则疾清；用力缓怠，则迟清。及其清也，则却止，是元初水也，亦不是将清来换却浊，亦不是取出浊来置在一隅也。水之清，则性善之谓也。"不过从老、庄、释氏所谓真宰真空者之受形以后，昏昧于欲，而改变其说。

特彼以真宰真空为我，形体为非我，此仍以气质为我，难言性为非我，则惟归之天与我而后可谓之我有，亦惟归之天与我而后可为完全自足之物，断之为善，惟使之截然别于我，而后虽天与我完全自足，可以咎我之坏之而待学以复之，以水之清喻性，以受污而浊喻性堕于形气中污坏，以澄之而清喻学。水静则能清，老、庄、释氏之主于无欲，主于静寂是也。因改变其说为主敬，为存理，依然释氏教人认本来面目，教人常惺惺之法。若夫古贤圣之由博学、审问、慎思、明辨、笃行以扩而充之者，岂徒澄清已哉？程子朱子于老、庄、释氏既入其室，操其矛矣，然改变其言，以为《六经》、孔、孟如是，按诸荀子差近之，而非《六经》、孔、孟也。

【译文】

问七：告子说"生命就是性"，"性，没有善或不善"，"饮食和男女都是人的天性，仁的意念是心中本来有的，义的概念是外界引起的"①，朱子认为这些话与佛教相同（朱子说："告子所说的'生'，指人和万物的知觉和运动的本能，与近世佛教徒所说的'作用就是性'有些相似。"又说："告子认为人的知觉运动能力是性，所以说人要求美食美色就是他的性"②）。而〔告子的〕人性如"杞柳"和"湍水"的比喻，朱子又认为与荀子和扬子相同（朱子对"杞柳"的比喻说："像荀子的性恶论"，对"湍水"的比喻说："这接近于扬

---

① 原文均见《孟子·告子上》。
② 朱子的话见《孟子集注·告子上》。

子善恶相混的说法"①）。那么荀子和扬子也和佛教相同吗？

答：不是这样的。荀子和扬子所说的性，古人和今人也都说是性，就是后儒说的"气质之性"，但不应当排除性中的理义而认为性是恶的。

在孟子的时代，公都子引用有些人的话说："性可以成为善，也可以成为不善"，又引用有些人的话说："有人性善，有人性不善"②，言语表达不同，而所指的性是相同的。荀子因见到圣人生来就有无所不知的神明，而这情况又不能推及所有的人，圣人以下的人都要通过学习才会善良，如果放任自然的欲望就会流入邪恶，所以认为性是恶的。这种理论似乎有些偏差，与〔公都子引某人的〕"有人性不善"相同。至于他说礼义存在圣人心中，那就是唯独圣人的性是善的，这实际包括了公都子两处引用有些人的说法。

扬子见到善多的被称为善人，恶多的被称为恶人，因此说"人性是善恶相混的"③，又说"学习以后就正直，不学习就邪

---

① 原文见《孟子集注·告子上》朱注。《孟子》原文记告子的"杞柳"说是："性犹杞柳也，义犹杯棬也，以人性为仁义，犹以杞柳为杯棬也。"《孟子》原文记告子的"湍水"说是："性犹湍水也，决诸东方则东流，决诸西方则西流。人性之无分于善不善也，犹水之无分于东西也。"扬子指扬雄。他的"善恶混"说是："人之性也善恶混。修其善则为善人，修其恶则为恶人。"见《法言·修身》。
② 原文见《孟子·告子上》"公都子"章。
③ 原文见扬雄《法言·修身》。

僻不正"①。这些说法好像与荀子有些出入，但并不是不同的。

韩子说"性的品级有上、中、下三等，上等的都是善，中等的经过引导可以向上或向下，下等的只有恶罢了"②，这就是把公都子两处引用有些人的说法合为一说。

朱子说："气质之性固然有美善与邪恶的不同，然而从人生开始来说，都是不大有差别的。习惯于善就会善，习惯于恶就会恶，这才开始有差距。""人的气质在相近之中，又有一定不变的美好与丑恶，不是习惯所能改变的。"③ 这些都是直接融会公都子两处引用有些人的说法来解释《论语》了。

程子说："有从小就是善的，也有从小就是恶的，都是气禀不同所造成的。善固然是性，然而恶也不可以不叫作性"④（《朱子语类》："问：'恶是由于气质禀性，为什么说也不能不称为性？'答：'既然是由于气质禀性，恶就牵扯得那本性变得不好。因为性只是依附在气质禀性上，既然气禀不好，就连同那个本性也坏了。'"⑤ 又说："譬如水被泥沙扰混，也不能不叫作水"⑥）。这些说法同"有人性善，有人性不善"的说法相合，而与"性可以成为善，也可以成为不善"的说法也

---

① 原文见扬雄《法言·修身》。
② 韩子指韩愈。原文见韩愈《原性》。
③ 朱子的话均见《论语集注·阳货》。
④ 原文见《二程遗书》卷一。
⑤ 原文见《朱子语类》卷九十五《程子之书》。
⑥ 原文见《二程遗书》卷一。

不是不一致，只是〔公都子〕他们那些人的说法中仍用性的名称，而〔程朱〕这里提出一个气禀的概念来区别罢了。

程子又说："'人生而静'以前，不容许说到性。刚说到性时，这性便已经不是性了。"① 对这一段话，朱子解释说："（人生而静）以前是人和物没有出生的时候，只能称为理，不可称为性，这就是〔程子〕所谓'从天给予的角度说叫作命'。才说到性时，便是人生以后，天的理已落到形体气质中，不完全是性的原来状态了。这就是〔程子〕所谓'从人的接受方面说叫作性'②。"

现在根据《乐记》来看，"人生而静"一句是与〔下面〕"感于物而动"③一句对应的，是指没有感受外界的刺激，不是〔像朱子解释的〕指人和物没有出生的时候。《中庸》"自然的规律叫作性"，是指人和物所接受的气质不一样，在出生时各自受到天的限制规定，并不是指天理在天的方面〔叫命〕，在人的方面〔叫性〕，各有不同的名称。何况如果按照〔程朱〕的说法，孟子是提前到人和物还没有出生，只有理而不能称为性的时候，就讲性善。等到产生性时，已经在出生以后，〔天理〕已经落在形体气质之中，〔而气质使性变坏了，〕又怎么能够断定性善？照他们这样说来，大概天下古今只有最高级的圣人的性不失去性的本来状态。从最高的圣人往下

---

① 原文见《朱子语类》卷九十五《程子之书》。
② 引文见《礼记·乐记》。
③ 原文见《中庸》第一章。

看，谈到人的性时，都失去了性的本来状态。人作为人，除了气质禀性以外，将依据什么来称为人呢？

由此可见，孟子说人性没有不善的，而程朱说人性没有不是恶的。他们认为理像一个看上去庄严的东西，把善性属于理。虽然表面上遵循孟子性善的话，但从实际来看，孟子是对于人而说性善，程朱却脱离了人而空洞地说理，所以他们说孟子"只论性而不论气质是不完备的"①。如果不把理看成一个东西，而是表现在气质不善时，那最终就不能与孟子直接断定性善的理论相通。

可见宋代儒者的言论，好像与孟子相同而实际不同，又好像与荀子不同而实际相同。孟子没有说"性没有不善"，而是说"人没有不善"。性这概念，是对包括天上飞的，水中游的以及一切动植物而言；性善这概念，是专门论人的性的。各种天上飞的、水中游的、动植物的本性都按它们气类的不同而区别。人与万物从天地分得一定类别的阴阳五行之气，以形成各自的特性，除了气的种类，就没有性这概念。医生开方用药，关键在于精细辨别各种药物的气类不同。不分辨各种药物的性能，诊治时，就能使病人死亡。假使〔照程朱那样，〕说"这些药品的气类不同，已经不是药的本性了"，那优良的医

---

① 《二程遗书》卷六："论性不论气，不备；论气不论性，不明。"程子的话，朱熹在《孟子集注·告子上》"公都子"章注中也曾转引。又《朱子文集》卷六十一《答林德文》书中说："孟子不论气之病，《集注》言之详矣，请更详之。"

师能相信吗?

观察桃树与杏树：把它们的核加以种植，萌芽以后，核就破裂，长出根和枝叶，又开花结果。从果实的形状、颜色、嗅味来看，桃不是杏，杏不是桃，没有一方面是不可区别的。这是由于〔桃和杏的〕本性不同，所以会这样。它们的性存在于核内白色物质中（就是一般称为桃仁、杏仁的），〔桃和杏的〕形体、颜色、嗅味等等基本因素，没有一种不具备。凡是种植稻、梁、花、木，养育鸟、兽、虫、鱼，都要知道它们的性。知道它们的本性，就是知道它们所分得的阴阳五行之气的种类的不同，从而能在养殖中使它们成长壮大，繁殖滋衍。为什么单独对人类从阴阳五行之气所分得一部分而形成的性，说"这已经不是性"了呢？这说法难道是正确的吗？

从古到今，综合人与一切生物的本性来说，就是它们所禀受的阴阳五行之气的种类各不相同。专门对有血气的动物来说，不但气类不同，而且知觉也不同。人由于有礼义的道德而与禽兽不同，实质是人的知觉认识大大超出其他动物的缘故，这就是孟子所说的性善。而荀子认为普通人的心灵知觉不能达到礼义，所以把礼义区分出来归属于圣人。程朱见到人生出来就无所不知并且安定地处理事情的非常少，因此说人所禀受的气质不一概是善的，荀子和扬子的见解就是这样。

但是程朱知道这种说法与孟子相违背，因此把气质分开来作为性的一部分，说君子不认为这种气质之性是性；又把理义分开来作为性的一部分，说是天给予的，以便用这一说法来附会孟子的说法。他们认为理义属于天的给予，而不属于圣人的教导。这是由于如果说理是人给我的，那么理是我本来没有的；把理说成天所给予，那么天理就是凑合附着在形体中，可以融为一体。这是他们假借天来论说，而听到这种说法的人不再怀疑人本来没有理义，而相信〔理义〕是天所给予的，认为是人所本有的。

荀子认识到学习不能停止。如果不是本来有的，又何必学？而程朱也认识到学习不能停止，但既然是本来就有的，为什么又需要学？所以程朱说"本性被气质污染弄坏"，这是为了便于把本来具有的转过来说成好像本来没有一样。于是他们把性这名称的内容说成是理，那么〔照这说法〕阴阳五行之气的运动变化产生人和万物，恰是对性有害的。他们将性比喻成水的澄清状态，由于土地的污染而混浊了（程子说："有的水一直流到海，始终没有污染，这不需人为的努力去做到；有的流不多远就已逐渐混浊；有的流出很远才有一些混浊。有的浊多，有的浊少，水的清浊虽然不同，但不能说浊的就不是水。既然这样，那么人就不能不下一番治理的功夫。因此，用力迅猛，水就澄清得快，用力迟缓，水澄清得就慢。等到水清的时候，却只是原来的水。既不是用清水来换了浊水，也不是把浊的水取出另放在别处。水的澄清，就是指性善"①）。这不过是将老子、庄子、佛教的真宰、真空得到形体以后，又因

---

① 原文见《二程遗书》卷一。

欲望而昏沉蒙昧的见解，换了种说法而已。

　　在老、庄、佛教那里，以为真宰、真空是我自己本人，形体不属于我。而在程朱这里，仍认为气质属于我。他们又不能说性不属于我，于是就把性归属于天给我的，然后就可以称为是我具有的。也只有说成天给我的，然后才可以看成是具备一切德性的东西，并且确定是善的。也只有认为它与我截然不同，然后〔才能说〕，虽然天给了我具备一切美德的本性，也可以责怪我使它变坏而需要学习来恢复。程朱他们把水的清澈比喻性，把水受污染而变混浊比喻性掉在形体气质中受到污坏，把重新使水澄清比喻学习。水静了就能澄清，这是老、庄、佛教主张没有欲望、安静淡泊的理论。程朱因而把这说法改变成主敬，改变成保存天理，这些仍旧是佛教教人们认识本来面目，教人们"经常保持觉醒状态"的方法。至于像古代贤人、圣人通过广泛学习、详尽观察、认真思考、明确辨别、切实行动而求得扩大充实的那种情况，何止仅仅是澄清呢？程朱对老、庄、佛教先入门，后来又反对他们，然而却把老、庄、佛教的话改头换面，认为《六经》、孔、孟就是这样说的。他们的说法与荀子的还有些近似，却并不是《六经》、孔、孟的原意。

【问答八提要】

　　揭示宋儒提出"气质之性"不善以区别于本性之善的理

论根源并分析批评，同时正面论述血气心知的欲望与仁义礼智的美德都属于人的本性。

【原文】

问：孟子曰："口之于味也，目之于色也，耳之于声也，鼻之于臭也，四肢之于安佚也，性也，有命焉，君子不谓性也；仁之于父子也，义之于君臣也，礼之于宾主也，智之于贤者也，圣人之于天道也，命也，有性焉，君子不谓命也。"宋儒以气质之性非性，其说本此。张子云："形而后有气质之性；善反之，则天地之性存焉。故气质之性，君子有弗性者焉。"程子云："论性不论气，不备；论气不论性，不明。"

在程朱以理当孟子之所谓善者，而讥其未备。朱子云："孟子说性善，是论性不论气。荀扬而下是论气不论性。孟子终是未备，所以不能杜绝荀扬之口。然不备，但少欠耳；不明，则大害矣。"然于声色、臭味、安佚之为性，不能谓其非指气质，则以为据世之人云尔；朱子云："世之人以前五者为性，以后五者为命。"于性相近之言，不能谓其非指气质，是世之人同于孔子，而孟子别为异说也。

朱子答门人云："气质之说，起于张程。韩退之《原性》中说'三品'，但不曾分明说是气质之性耳；孟子谓性善，但说得本原处，下面不曾说得气质之性，所以亦费分疏；诸子说性恶与善恶混；使张程之说早出，则许多说话自不用纷争。"是又以荀、扬、韩同于孔子。至告子亦屡援性相近以证其生之谓性之说，将使告子分明说是气质之性，孟子不得而辩之矣；孔子亦未云气质之性，岂犹夫告子，犹夫荀扬之论气不论性不明欤？程子深訾荀扬不识性，程子云："荀子极偏驳，止一句性恶，大本已失；扬子虽少过，然亦不识性，便说甚道。"以自伸其谓性即理之异于荀扬。独性相近一言见《论语》，程子虽曰"理无不善，何相近之有"，而不敢以与荀扬同讥，苟非孔子之言，将讥其人不识性矣。

今以孟子与孔子同，程朱与荀扬同，孔孟皆指气禀气质，而人之气禀气质异于禽兽，心能开通，行之不失，即谓之理义；程朱以理为如有物焉，实杂乎老、庄、释氏之言。然则程朱之学殆出老释而入荀扬，其所谓性，非孔孟之所谓性，其所谓气质之性，乃荀扬之所谓性欤？

曰：然。人之血气心知，原于天地之化者也。有血气，则所资以养其血气者，声、色、臭、味是也。有心知，则知有父子，有昆弟，有夫妇，而不止于一家之亲也，于是又知有君臣，有朋友；五者之伦，相亲相治，则随感而应为喜、怒、哀、乐。合声、色、臭、味之欲，喜、怒、哀、乐之情，而人道备。

"欲"根于血气，故曰性也，而有所限而不可踰，则命之谓也。仁义礼智之懿不能尽人如一者，限于生初，所谓命也，而皆可以扩而充之，则人之性也。谓[1]犹云"借口于性"耳；君子不借口于性以逞其欲，不借口于命之限之而不尽其材。后儒未详审文义，失孟子立言之指。

不谓性非不谓之性，不谓命非不谓之命。由此言之，孟子之所谓性，即口之于味、目之于色、耳之于声、鼻之于臭、四肢于安佚之为性；所谓人无有不善，即能知其限而不踰之为善，即血气心知能底于无失之为善；所谓仁义礼智，即以名其血气心知，所谓原于天地之化者之能协于天地之德也。此荀扬之所未达，而老、庄、告子、释氏昧焉而妄为穿凿者也。

【注释】

[1] 中华书局本原按："谓"下疑脱"性"字。

【译文】

问八：孟子说："口对于美味，眼睛对于美色，耳对于声音，鼻对于嗅味以及手足四肢对于舒适的要求，这些都出于本性，但是有天命规定，君子不因为这是本性，就无限制要求。仁在父子之间，义在君臣之间，礼在宾客与主人之间，智慧是对于贤人来说的,掌握天道是对圣人来说的,这些都是由天所决定的,但是人性中具有的仁义礼智这些道德,君子不推托是天定的〔就不去发挥人的本性〕。"① 宋儒以为气质之性不是人的本性,他们的理论根据就在于此。张子说:"有了形体然后有气质之性,善于使它恢复原状,那么天地之性仍然存在,所以气质之性,君子不认为是性。"② 程子说:"论性而不提到气质,那就不完备;论气质而不提到人的本性,那就不明白。"③

在程朱的理论中,他们以理充当孟子所说的善,〔因为孟子没有讲到气质之性〕而讥讽其理论不完备(朱子说:"孟子讲性善,是谈到了性而没有谈到气质。荀子、扬子以下是谈到气质而没有谈到本性。孟子到底是讲得不完全,所以不能杜绝荀扬的言论。④ 然而说得不完备,只是稍有欠缺,说得不清楚明白,就有大害了。"⑤)。然而程朱对于〔孟子说的〕声色、嗅味、舒适等欲望是人的本性,又不能说这些不是指气质,于是认为这是根据普通人的说法(朱子说:"世上的人把声、色、嗅、味、舒适等五种要求看成是性,把仁、义、礼、智、圣等五种品德看成是天命"⑥);对于〔孔子的〕"性相近"

---

① 原文见《孟子·尽心下》。
② 原文见张载《正蒙·诚明》。
③ 原文见《二程遗书》卷六。
④ 原文见《朱子语类》卷五十九。
⑤ 原文见《朱子语类》卷六十二。
⑥ 原文见《孟子集注·尽心下》朱熹注。译文中的"圣"字,根据《孟子》此处原文"圣人之于天道"的"圣"字而使用。

的说法，不能说这不是指气质，认为世上的人与孔子相同，而孟子另外建立了不同的学说。

朱子回答他的学生说："气质的说法，开始于张子、程子。韩退之《原性》一文中说到性的三个品级，但没有明确说这是气质之性罢了。孟子讲性善，只讲到性的根本源头，下面没有提出气质之性，所以〔理解起来〕也要费功夫加以疏通说明。〔荀、扬〕诸子说性是恶的以及性是善恶相混的。如果张、程的说法早已出现，那么上面许多争论自然不会产生。"① 这又是把荀子、扬子、韩子等同于孔子。至于告子，也多次引用"性相近"来证明他的"生命就是性"的论点。如果告子明确说出气质之性，那么孟子就没有理由来辨明了。孔子也没有讲到气质之性，那岂不是同告子以及荀子、扬子等一样，都是"论气质而不论性的根本，因而不明白"吗？程子深刻责备荀子、扬子不懂得性的意义（程子说："荀子非常片面而不纯正，他只说一句性恶，在根本上就错了；扬子虽然过失少些，但也还不懂得性就谈起什么道来"②），以阐发他所说的性就是理的说法与荀、扬的不同。只因为"性相近"一句话记载在《论语》中，程子虽然说过"理没有不是善

---

① 原文见《朱子语类》卷四。
② 这里戴震引述程子话的大意。原文是："荀卿才高其过多，扬雄才短其过少"（见《二程遗书》卷十八），"荀、扬性已不识，更说甚道"（见《二程遗书》卷十九）。

的,〔既然性就是理,〕又何止相近呢"①,但是他不敢把这句话与荀、扬所说的一起讥刺。如果这句话不是孔子说的,程子就要嘲讽这人不懂得性了。

现在你认为孟子与孔子相同,程朱和荀子、扬子相同。孔孟论性都是指气的禀受和气的实质,而人的气禀、气质与禽兽不同,人心可以达到开明通达的程度,在行动上不产生错误,就叫作理义。而程朱以为理好像一个东西,这实际是掺杂了老、庄、佛教的理论。那么程朱的学术大概是从老、佛那里出来,又进入荀、扬之中的,他们所说的性,不是孔孟所说的性,而他们所说的气质之性,就是荀、扬所指的性。是不是这样呢?

答:正是这样。人的形体气质与心灵知觉,是以天地阴阳五行之气的运动变化为本原的。有了血气以后,那些用来调养血气的是声音、颜色、气味和滋味等等。有了心知,就知道有父子、兄弟、夫妻的关系。而亲爱不限于一家之内,于是又知道有君臣和朋友的关系。人们在以上五种关系中互相亲爱,互尽责任,随着感受而产生喜、怒、哀、乐的反应。把对声音、颜色、气味、滋味的欲望与喜爱、愤怒、悲哀、快乐等感情结合起来,人类的活动便全都包括在内了。

"欲"来源于肉体,所以说是人的本性,但是又有一定条件限制不能超越,这就叫作命。仁义礼智等美德在所有人的表

---

① 原文见《论语集注·阳货》。

现中不能一律，这是由于在开始出生时所受的限制，这就是所谓命的作用。但是人都可以扩大充实他的美德，这就是人性的本能。〔孟子所说的"不谓性"中〕"谓性"的意义就如同"借口于性"一样，君子不借口于这是本性而放任他的欲望，不借口于这是天命的限制而不充分发挥他的才能。后儒没有详细领会孟子原文的本意，丢失了孟子言论的宗旨。

"不谓性"不是不认为这是性，"不谓命"不是不认为这是命。按照这样来说，孟子所说的性就是把口对于美食、眼对于颜色、耳对于声音、鼻对于气味、四肢对于安适等等欲望叫作性。他所说人性没有不善，是指能够知道条件限制而不超出界限就叫作善，肉体血气与心灵知觉的活动能够最终不产生差错就叫作善。他所说的仁、义、礼、智等概念就是指血气心知的活动，也就是说天地五行之气的运动变化所产生的事物能够与天地化育万物的规律互相协调一致。这些理解是荀子、扬子所没有达到的，以及老子、庄子、告子、佛教徒等不明了而自作主张加以牵强附会的。

卷 下

才

【提 要】

指出人和物的一切知觉运动的决定因素称为性，一切知觉运动的形体实质称为才。才是性的实体，才的美恶由性决定，无所增减，离开才质实体，就见不到性。

【原 文】

才者，人与百物各如其性以为形质，而知能遂区以别焉，孟子所谓"天之降才"是也。气化生人生物，据其限于所分而言谓之命，据其为人物之本始而言谓之性，据其体质而言谓之才。由成性各殊，故才质亦殊。才质者，性之所呈也；舍才质安睹所谓性哉！

以人物譬之器，才则其器之质也；分于阴阳五行而成性各殊，则才质因之而殊。犹金锡之在冶，冶金以为器，则其器金也；冶锡以为器，则其器锡也；品物之不同如是矣。从而察之，金锡之精良与否，其器之为质，一如乎所冶之金锡，一类之中又复不同如是矣。为金为锡，及其金锡之精良与否，性之喻也；其分于五金之中，而器之所以为器即于是乎限，命之喻也；就器而别之，孰金孰锡，孰精良与孰否，才之喻也。故才之美恶，于性无所增，亦无所损。夫金锡之为器，一成而不变者也；人又进乎是。自圣人而下，其等差凡几？或疑人之才非尽精良矣；而不然也。犹金之五品，而黄金为贵，虽其不美者，莫与之比贵也，况乎人皆可以为贤为圣也！

后儒以不善归气禀；孟子所谓性，所谓才，皆言乎气禀而已矣。其禀受之全，则性也；其体质之全，则才也。禀受之全，无可据以为言；如桃杏之性，全于核中之白，形色臭味，无一弗具，而无可见，及萌芽甲坼，根榦枝叶，桃与杏各殊；由是为华为实，形色臭味无不区以别者，虽性则然，皆据才见之耳。成是性，斯为是才。别而言之，曰命，曰性，曰才；合而言之，是谓天性。故孟子曰："形色，天性也，惟圣人然后可以践形。"

人物成性不同，故形色各殊。人之形，官器利用大远乎物，然而于人之道不能无失，是不践此形也；犹言之而行不逮，是不践此言也。践形之与尽性，尽其才，其义一也。

【译 文】

才是指人与各种生物按照它们不同的特性而形成的形体实质，人与生物的知觉与能力也因形质不同而有所区别，这就是孟子所说"天给予的才"[1]。阴阳五行之气产生人和各种生物。按照人和物所分得的阴阳五行的规定限制来说，叫作命；按照作为人和物的本原来说，叫作性；按照人和物的形体实质来说，叫作才。由于各种生物本性的形成有不同，所以它们的才质也有不同。才质就是性的具体表现，离开了才，怎样能够看到性呢？

把人和物比喻为器具，才就是制造器具的实质材料。人和物按照从阴阳五行分得的气，形成不同的性，从而它们的才质

---

[1] 原文"天之降才"。《孟子·告子上》有"富岁子弟多赖，凶岁子弟多暴。非天之降才尔殊也，其所以陷溺其心者然也"句。

也因此不同。譬如把金与锡放在熔炉中，用金来冶炼，制成的器具是金的；用锡来冶炼，则制成的器具是锡的。物品的性质不同就是这样。再进一步观察金与锡是否精良，可以看到制成的器具的质量与所用的金或锡的质量是完全一致的。由此可见，相同的一类器物中又有质量的不同。是金的或是锡的，以及这种金或锡的精良程度如何，这就是性的比喻；用五金中的一种金属制造器具，作为所制成的器具，受到所用金属的限制，这就是命的比喻；对制成的器具加以区分，哪一种是金器，哪一种是锡器，金器锡器之中又有哪一种精良，哪一种不精良，这就是才的比喻。从上可见，才的美与恶完全由性而定，不增加一分，也不减少一分。至于用金或锡来制器具，制成以后，性质不能再改变。而人又〔与器物〕不同，人的品德可以向上发展。从圣人往下，品德的差别有多少？有人怀疑人的才质不是完全精美的，其实并不如此。譬如五种金属中黄金最贵重，即使质量较差的黄金，也非其他金属能比，况且对人来说，任何人都有可能成为贤人、圣人。

后儒把不善的行为归属于气质禀性，而孟子所讲的性，所讲的才，都不过是指气质禀性罢了。所禀受的阴阳五行之气的全体就是性，由性所规定的形体和气质全体就是才。所禀受的全部阴阳五行之气，看不见而无从说明，例如桃和杏的本性全部存在于核的白色物质中，它们的形体、颜色、气味等性质没有一种不具于核中，但是不能看见。等到核破裂以后开始发芽，长出根和枝叶，就可以看到桃与杏的不同。开花结果以后，它们的形状、颜色、味道是有区别的。这些虽然是它们的性所决定的，但都要通过它们的才方可以使人见到。有什么样的性就有什么样的才。分开来说，叫作命，叫作性，叫作才，综合在一起说，就称为天性。所以孟子说："形体和外表是天赋的本性，只有圣人才能充分实现形体的一切作用。"①

人和万物形成本性的过程不同，所以它们的形和色也有区别。以人的形来说，他的身体器官及所起的作用远远超出其他生物，然而对做人的道理还不能没有差误，这是没有充分实现形所蕴藏的作用；如同说了一句话而行动没有跟上，是没有实现言论一样。实现形体的作用，与发挥性的特点，发挥才的功能，这三者的含义是相同的。

【问答一提要】

指出欲望、感情和知觉都是血气心知的自然特点。进一步论述在社会上，满足自己的欲望也满足他人欲望，通畅自己的感情也使他人感情通畅，便是道德的完美表现。最后指出人的才质开始于优美，终于不美，是由于环境影响，不能归罪于才质。同时批评宋儒的"人出生具有形体以后便产生气质之性，而气质之性便有不善"的理论。

---

① 原文是"形色天性也，惟圣人然后可以践形"，见《孟子·尽心上》。"形"指体形，"色"指面貌。

【原文】

问：孟子答公都子曰："乃若其情，则可以为善矣，乃所谓善也。若夫为不善，非才之罪也。"

朱子云："情者，性之动也。"又云："恻隐、羞恶、辞让、是非，情也；仁义礼智，性也。心，统性情者也。因其情之发，而性之本然可得而见。"夫公都子问性，列三说之与孟子言性善异者，乃舍性而论情，偏举善之端为证。

彼荀子之言性恶也，曰："今人之性，生而有好利焉，顺是，故争夺生而辞让亡焉；生而有疾恶焉，顺是，故残贼生而忠信亡焉；生而有耳目之欲，有好声色焉，顺是，故淫乱生而礼义文理亡焉。然则从人之性，顺人之情，必出于争夺，合于犯分乱理而归于暴。故必将有师法之化，礼义之道，然后出于辞让，合于文理而归于治。用此观之，然则人之性恶明矣。"是荀子证性恶，所举者亦情也，安见孟子之得而荀子之失欤？

曰：人生而后有欲，有情，有知，三者，血气心知之自然也。给于欲者，声色臭味也，而因有爱畏；发乎情者，喜怒哀乐也，而因有惨舒；辨于知者，美丑是非也，而因有好恶。声色臭味之欲，资以养其生；喜怒哀乐之情，感而接于物；美丑是非之知，极而通于天地鬼神。声色臭味之爱畏以分，五行生克为之也；喜怒哀乐之惨舒以分，时遇顺逆为之也；美丑是非之好恶以分，志虑从违为之也；是皆成性然也。有是身，故有声色臭味之欲；有是身，而君臣、父子、夫妇、昆弟、朋友之伦具，故有喜怒哀乐之情。

惟有欲有情而又有知，然后欲得遂也，情得达也。天下之事，使欲之得遂，情之得达，斯已矣。惟人之知，小之能尽美丑之极致，大之能尽是非之极致。然后遂已之欲者，广之能遂人之欲；达己之情者，广之能达人之情。道德之盛，使人之欲无不遂，人之情无不达，斯已矣。欲之失为私，私则贪邪随之矣；情之失为偏，偏则乖戾随之矣；知之失为蔽，蔽则差谬随之矣。不私，则其欲皆仁也，皆礼义也；不偏，则其情必和易而平恕也；不蔽，则其知乃所谓聪明圣智也。

孟子举恻隐、羞恶、辞让、是非之心谓之心，不谓之情。首云"乃若其情"，非性情之情也。孟子不又云乎："人见其禽兽也，而以为未尝有才焉，是岂人之情也哉？"情，犹素也，实也。孟子于性，本以为善，而此云"则可以为善矣"。可之为言，因性有等差而断其善，则未见不可也。下云"乃所谓善也"，对上"今曰性善"之文；继之云，"若夫为不善，非才之罪也"。为，犹成也，卒之成为不善者，陷溺其心，放其良心，至于梏亡之尽，违禽兽不远者也；言才则性见，言性则才见，才于性无所增损故也。人之性善，故才亦美，其往往不美，未有非陷溺其心使然，故曰"非天之降才尔殊"。才可以始美而终于不美，由才失其才也，不可谓性始善而终于不善。性以本始言，才以体质言也。体质戕坏，究非体质之罪，又安可咎其本始哉！倘如宋儒言"性即理"，言"人生以后，此理已堕在形气之中，不全是性之本体矣"。以孟子言性于陷溺梏亡之后，人见其不善，犹曰"非才之罪"者，宋儒于"天之降才"即罪才也。

【译文】

问一：孟子回答公都子说："按照实际情况，人是可成为善良的，这就是我所说的性善。至于成为不善良的人，那不是才质的罪过。"①

朱子说："情，是性的活动表现。"②又说："同情、惭愧、谦让，以及判断是非，这些都是情；仁、义、礼、智，这些都是性。人的心包括性和情两方面。在情的流露中，可以看到性的本来状态。"③公都子向孟子问性，举出三种都是与孟子不

---

① 原文见《孟子·告子上》"公都子"章。
② 原文见《孟子集注·告子上》"公都子"章朱熹注。
③ 原文见《孟子集注·公孙丑上》"人皆有不忍人之心"章朱熹注。

同的说法①。朱子〔在《孟子集注》中注释这一段时，不在性的概念上说明，〕却离开性而谈到情，又片面地举出〔同情、惭愧、谦让及是非判断等〕善的四个方面来论证②。

　　荀子在论性恶时说："谈到人的性，都是在出生以后就贪得本身利益的。如果顺着人的性，互相争夺就要产生，谦逊辞让就丧失了；人出生后又有妒忌和憎恶他人的情感，如果顺着人的性，因而产生互相残害，忠厚与信义就丧失了；人生又有耳和眼的欲望，喜欢听美声，看美的颜色，如果顺着人的性，因而放纵、动乱就会产生，而礼义的秩序都丧失了。这就是说，如果顺着人的性和感情，一定要产生互相争夺，导致不安本分和干扰秩序，而最终引起暴乱。所以一定要有师长和法制的教化，礼义的引导，这样才能互相谦让，维持秩序而达到安定。从这种情况来看，人的本性是恶的也就很明显了。"③这里荀子论人性恶，也是举出情来证明的，怎样看出孟子的正

---

① 三种不同说法见《孟子·告子上》"公都子"章。本书卷上《理》篇问答五也曾引论。
② 戴震认为朱熹在注释《孟子》时提出的"情"字，与孟子所说的"情"概念不同，同时认为朱熹的目的是为了证明"天性""本性"之外还有一个"气质之性"。《绪言》卷中问答五与这一问答略同。而《绪言》文字较详，现引其中一段以供读者参考："公都子问性列三说与孟子言性善导者，乃舍性而论情，偏举情发于善者为证。或举感而动于恶之情以相难，然后转一语曰，此情之根诸气质者。何如分明语公都子三说皆气质而非性。"
③ 原文见《荀子·性恶》。

确和荀子的错误呢？

答：人出生以后，就有欲望、情感和知觉，这三种性能是血肉气质和心灵的自然现象。满足欲望是声音、颜色、香气和美味，因此产生亲爱和畏惧；感情所流露的有喜欢、愤怒、悲哀和快乐，从而产生悲伤和愉快；知觉能分辨的是美与丑、是与非，从而产生爱好与厌恶。声、色、嗅、味的欲望用来滋养身体；喜、怒、哀、乐的感情是接触外界事物的反应；对于美丑是非的辨别能力，发展到极点可以通达了解天地鬼神的一切。对于声、色、嗅、味的亲近或畏避是五行的相生相克所形成的；喜、怒、哀、乐等心情的感伤或愉快是时机和遭遇的顺利或不顺利所形成的；[1] 对于美与丑，是与非的分辨是心志的赞同或反对所决定的。所有这一切，都是本来就形成的性在起作用。有了身体，然后有声、色、嗅、味的欲望；有了身体，所以产生君臣、父子、夫妻、兄弟、朋友的关系，因而有喜、怒、哀、乐的感情。

只是在有欲望、有感情而又有知觉认识的情况下，欲望才能满足，感情才能通畅。世界上能使欲望得到满足，感情能够顺遂，就什么别的事也没有了。惟有人的知觉，小的方面可以充分认识美与丑的区别，大的方面可以充分认识是与非的区别。于是满足了自己的欲望，进一步可以满足他人的欲望，顺遂了自己的感情以后，进一步推广，可以使他人的感情也能通

---

[1] 参见卷上《理》篇问答七："五行有生克，生则相得，克则相逆。"

畅。在道德隆盛的时代，使人们的欲望都能满足，人们的感情都能通达，那就什么别的事也没有了。欲望不能正当处理是由于私，有了私心，贪婪与邪恶都产生了；感情不能正确发挥是由于偏，有了偏见，不公平、不融洽的现象都产生了；知觉认识不能充分获得是由于蔽，认识受到蒙蔽，失误和差错都产生了。如果没有私心，那么人的欲望就会都符合仁，符合礼义；如果没有偏见，那么他的感情一定平易而且宽恕；如果不受到蒙蔽，那么他的知觉认识就是所谓的聪明圣智而无所不知了。

　　孟子将同情、惭愧、谦让和判别是非的心意叫作心，不叫作情。〔在《告子》上篇公都子问答一章中〕他首先说"按照实际情况来看"①，这里的"情"不是指性情的情。孟子不是又说过："人们看到他像禽兽一样，认为他没有才质。这哪里是人的实际情况啊！"②情的意义指本有的情况，实际的情况。孟子本认为性是善的，而〔在公都子问答〕这一章中则说"有可能成为善的"。他之所以用"可"字，是因为按性有程度差别而断定性是善的，那就没有什么不可以是善的了。下文又说"这就是我所说的性善"，与上文公都子问的"现在你说性善"一句相对应。孟子接着说，"如果为不善，那不是才质的过失"。"为"字也就是"成"的意思。一个人最终成为不善的，是由于他心中意志堕落沉沦、良心丧失以至于消耗干

---

① 原文"乃若其情"，见《孟子·告子上》。
② 原文见《孟子·告子上》。

净,与禽兽差不多。说到才质,就见到性;说到性,就见到才质。这是因为才是性的表现,才对于性完全符合,没有一分增加,也没有一分减少。人的性是善的,所以才质也是优美的。常常有不美的现象,没有不是心中意志堕落的缘故。所以孟子说:"不是天所降生的才质不同。"① 才有可能在最初时是美的而最终不美,这是由于才失去了才的本质,但不能说性在最初是善的而终于不善。性是指根本的因素,才是指体质。体质受到损坏,究竟不是体质的罪过,又怎能归咎于形成体质的本始呢?如果像宋儒说的:"性就是理"②,"人出生以后,这个理已经落在形体气质之中,不完全是性的本来状态了"③,认为孟子说的人性经过沉沦、陷溺、消耗以后,人们看到他的不善,仍然"不是才质的罪",那么宋儒说的"天降生才质"就是把罪恶归于才质了。

【问答二提要】

再次阐明才由性所决定,性善,所以才也是美的。指出宋

---

① 原文见《孟子·告子上》。
② 原文见《二程遗书》卷十八,又见卷二十二上,又见《孟子集注·告子上》"公都子"章朱熹转引"程子曰",又见《朱子语类》卷四转引,又见《朱子语类》卷五转引。本书卷中《性》篇问答八也引此语。
③ 原文见《二程遗书》卷一:"才说性时便已不是性也。"戴震所引系朱熹对此语的发挥,见《朱子语类》卷九十五《二程之书一》。

儒论性善而认为才有不善，将性与才割裂为二本。从正面说明不善的表现是由于偏私之害，不能归罪于本性和才质。

【原文】

问：天下古今之人，其才各有所近。大致近于纯者，慈惠忠信，谨厚和平，见善则从而耻不善；近于清者，明达广大，不惑于疑似，不滞于习闻，其取善去不善亦易。此或不能相兼，皆才之美者也。

才虽美，犹往往不能无偏私。周子言性云："刚：善为义，为直，为断，为严毅，为干固；恶为猛，为隘，为强梁。柔：善为慈，为顺，为巽，恶为懦弱，为无断，为邪佞。"而以"圣人然后协于中"，此亦就才见之而明举其恶。

程子云："性无不善，而有不善者才也。性即理，理则自尧舜至于涂人，一也。才禀于气，气有清浊，禀其清者为贤，禀其浊者为愚。"此以不善归才，而分性与才为二本。

朱子谓其密于孟子，朱子云："程子此说才字，与孟子本文小异。盖孟子专指其发于性者言之，故以为才无不善；程子专指其禀于气者言之，则人之才固有昏明强弱之不同矣。二说虽殊，各有所当；然以事理考之，程子为密。"犹之讥孟子"论性不论气，不备"，皆足证宋儒虽尊孟子，而实相与龃龉。然如周子所谓恶者,岂非才之罪欤?

曰:此偏私之害,不可以罪才,尤不可以言性。"孟子道性善",成是性斯为是才,性善则才亦美,然非无偏私之为善为美也。人之初生,不食则死;人之幼稚,不学则愚;食以养其生,充之使长;学以养其良,充之至于贤人圣人;其故一也。

才虽美,譬之良玉,成器而宝之,气泽日亲,久能发其光,可宝加乎其前矣;剥之蚀之,委弃不惜,久且伤坏无色,可宝减乎其前矣。又譬之人物之生,皆不病也,其后百病交侵,若生而善病者。或感于外而病,或受损于内身之阴阳五气胜负而病,指其病则皆发乎其体,而曰天与以多病之体,不可也。如周子所称猛隘、强梁、懦弱、无断、邪佞,是摘其才之病也;才虽美,失其养则然。孟子岂未言其故哉?因于失养,不可以是言人之才也。夫言才犹不可,况以是言性乎!

【译文】

问二:整个世界从古到今的人,他们的才质有不同的倾向。大致上接近于纯真的人,具有慈爱、忠信、谨慎、和易等特点,见到善事就去做,而以不善的事为耻辱。接近于清明的人,比较通达开阔,不受似是而非的现象蒙惑,不受习惯的意见约束,这种人学习善良和排除不善也很容易。这两种倾向，一个人或许不能同时具备，但都是优美的才质。

　　才质虽然优美，但也经常产生偏向和私念。周子①谈到性时说："刚性的人，在善的方面的表现是讲义气、正直，能决断，严肃有毅力以及干练坚持；在恶的方面的表现是凶狠、狭隘、强暴。柔性的人，在善的方面的表现是慈惠、和顺、服从；在恶的方面的表现是懦弱，没有决断和谄媚。"② 周子认为只有圣人才可以不偏不倚，合于中正。这些也是从才质的表现来说的，明确举出了其中恶的现象。

　　程子说："性没有不是善的，而表现出不善的是才。性就是理，从尧舜一直到路上的普通人，他们所具有的理都是一样的。才是接受气而形成的，气有清有浊，接受了清的气就成为圣人，接受了浊的气就成为愚昧的人。"③ 这一段话认为不善属于才，而把性与才分为二本。

　　朱子认为这说法比孟子更细密（朱子说："程子这样解说'才'字，与孟子的原文有稍许不同。实际上孟子专指那些从本性产生的因素来论才，所以认为才没有不是善的。而程子论才则专门指从气接受来的那方面，那么人的才当然有昏暗、明亮以及强壮、薄弱的不同。两种说法虽然不同，而都有正确的地方，但是从事理来考察，程子讲得更详密"④），这同他们

---

① 周子指周敦颐。
② 原文见周敦颐《通书·师第七》。
③ 原文见《二程遗书》卷十八。
④ 原文见《孟子集注·告子上》"公都子"章朱熹注。

讽刺孟子"论本性而不论气质,是不完备的"① 一样,都足以证明宋儒虽然尊重孟子,但实际上与孟子互相抵触。譬如周子所指那些恶的方面,不就是才的罪名吗?

答:〔周子所指出的那些恶的方面〕是由于偏见和私意的危害,不能加罪于才,更不可以说是性所造成的。《孟子》说性是善的,形成了什么样的性,就有什么样的才,性是善的,才也就是美的。然而不是说不受到偏见和私意影响的才是美和善。人出生后,不吃食物就要死亡;在小时候,不学习就会愚昧。食物是滋养身体的,使身体扩充成长;学习是教养德性的,使道德不断扩充,达到贤人、圣人的地步。两者的道理是一样的。

才虽然优美〔,也须调养〕,譬如良好的玉,制成用具以后加以珍藏爱护,它的色泽便会越来越新,时间久了能发出光彩,比以前更为可贵。如果受到磨损侵蚀,丢弃不顾,时间长了就会残缺失去光彩,没有以前那样宝贵了。又譬如人和其他生物,出生时都没有病,以后各种疾病不断产生,好像生来就容易患病一样。有的人是受外界影响而病,有的人是由于身体内部阴阳五行之气的不调和而生病。如果因这些病都是身体产生的,而认为天给了他具有各种疾病的身体,是不可以的。如周子所说的凶猛、狭隘、强暴、懦弱、不决断、谄媚等恶的表现,是摘出才的病态。才虽然是优美的,但失去调养就会产生

---

① 原文见《二程遗书》卷六。

这些情况。孟子难道没有说它的原因吗?① 是由于失去调养,不能因此说人的才质本身是不好的。既然都不能说人的才质不美,何况说他的性有不善呢?

道

【提 要】

卷中有《天道》篇,本篇中的"道"指人道。文中兼论天道与人道的关系,主要提出以下五点:一、天道指气化流行,而人道包括人伦日用所有的一切。二、人道的一切活动由性所决定,而性的根源是天道。三、天道与人道都是自然的现象,这些自然现象都有必然的规律。四、天道的规律是阴阳二气生生不息的运动,人道的准则是在人伦中实现仁义礼智,天

---

① 孟子说:"若夫为不善非才之罪也。……或相倍蓰而无算者,不能尽其才者也"(《告子上》"公都子"章);又说:"梏之反复,则其夜气不足以存。夜气不足以存,则其违禽兽不远矣,人见其禽兽也,而认为未尝有才焉者,是岂人之情也哉"(《告子上》"牛山"章)。戴震概括为:"才可以始美而终于不美,由才失其才也"(见本篇问答一)。他认为人的体质才能本来是健全美好的,由于"梏之反复"(环境的影响和不断消磨)而产生不善的病态。

道的运行和人道的活动都用"善"字来形容。五、天地人物的特点和特性表现为各种自然现象,这就是《易经》所说的"成之者性也"。天地人物的自然表现具有一定的必然规律,形成一种优美、准确与和谐的状态,这种状态被称为善,所以《易经》说"继之者善也"。

【原　文】

人道,人伦日用身之所行皆是也。在天地,则气化流行,生生不息,是谓道;在人物,则凡生生所有事,亦如气化之不可已,是谓道。

《易》曰:"一阴一阳之谓道。继之者,善也;成之者,性也。"言由天道以有人物也。

《大戴礼记》曰:"分于道谓之命,形于一谓之性。"言人物分于天道,是以不齐也。

《中庸》曰:"天命之谓性,率性之谓道。"言日用事为,皆由性起,无非本于天道然也。

《中庸》又曰:"君臣也,父子也,夫妇也,昆弟也,朋友之交也,五者,天下之达道也。"言身之所行,举凡日用事为,其大经不出乎五者也。

孟子称"契为司徒,教以人伦:父子有亲,君臣有义,夫妇有别,长幼有序,朋友有信",此即《中庸》所言"修道之谓教"也。

曰性，曰道，指其实体实事之名；曰仁，曰礼，曰义，称其纯粹中正之名。人道本于性，而性原于天道。天地之气化流行不已，生生不息。然而生于陆者，入水而死；生于水者，离水而死；生于南者，习于温而不耐寒；生于北者，习于寒而不耐温：此资以为养者，彼受之以害生。"天地之大德曰生"，物之不以生而以杀者，岂天地之失德哉！故语道于天地，举其实体实事而道自见，"一阴一阳之谓道"，"立天之道曰阴与阳，立地之道曰柔与刚"是也。

人之心知有明暗，当其明则不失，当其暗则有差谬之失。故语道于人，人伦日用，咸道之实事，"率性之谓道"，"修身以道"，"天下之达道五"是也。此所谓道，不可不修者也，"修道以仁"及"圣人修之以为教"是也。其纯粹中正，则所谓"立人之道曰仁与义"，所谓"中节之为达道"是也。

中节之为达道，纯粹中正，推之天下而准也；君臣、父子、夫妇、昆弟、朋友之交，五者为达道，但举实事而已。智仁勇以行之，而后纯粹中正。然而即谓之达道者，达诸天下而不可废也。

《易》言天道而下及人物，不徒曰"成之者性"，而先曰"继之者善"。继谓人物于天地其善固继承不隔者也；善者，称其纯粹中正之名；性者，指其实体实事之名。一事之善，则一事合于天；成性虽殊而其善也则一。善，其必然也；性，其自然也；归于必然，适完其自然，此之谓自然之极致，天地人物之道于是乎尽。在天道不分言，而在人物，分言之始明。

《易》又曰："仁者见之谓之仁，智者见之谓之智，百姓日用而不知，故君子之道鲜矣。"言限于成性而后，不能尽斯道者众也。

【译文】

人道是指人与人的关系和日常生活的一切行动。在天地自然界，就是阴阳五行之气的流动运行，不断发展，叫作道；在人和万物，就是凡属于生存和继续生存的一切事情，也像阴阳二气的变化一样不断运动发展，就叫作道。

《易经》说："一阴一阳的相互运动，叫作道。善是道的继续，性是道的完成。"① 这就是说，由于天道的运行，才有人和万物。

《大戴礼记》说："从道那里分得阴阳五行之气这一过程叫作命；人和万物根据所分得的程度，形成一定的形体和知觉叫作性。"② 这句话说明人和物是天道分出来的。由于所分得的成分不同，所以它们的本性也不同。

---

① 原文见《易·系辞上》。
② 原文见《大戴礼记·本命》。

《中庸》说："天所命令给予的叫性，按照本性的规定行事叫作道。"① 这是说日常一切事情都由性所规定，而性又来源于天道。

《中庸》又说："君与臣、父与子、夫与妻、兄与弟以及朋友的交往，这五种是天下通行的道理。"② 就是说，一个人的行为，在日常事务中，从大的方面看，不出于这五种关系。

孟子说"契作为司徒的官，教导人民怎样处理人与人之间的关系。父子之间有亲爱，君臣之间有恩义，夫妻之间有区别，长幼之间有次序，朋友之间有信用"③，这就是《中庸》所说的"对于道进行修养治理叫作教"④。

谈到性，谈到道，是指具体事物和实际事情；谈到仁、义、礼，是指优美正确的原则。人的活动本源于性，性本源于天道。天地自然界的阴阳五行之气不断运动、变化、发展，万物的生存和繁殖永不停止。然而陆地的生物，入水就要死亡；在水中生活的，离开水也要死亡；生活在南方的，习惯温暖而不耐寒冷；生活在北方的，习惯寒冷而不耐温暖。这说明一部分生物赖以维持生存的条件，另一部分生物遇到时就要损害生

---

① 原文见《中庸》第一章。
② 原文见《中庸》第二十章。
③ 原文见《孟子·滕文公上》，契是尧的大臣。司徒是官名，掌握五教，见《礼记正义·祭法第二十三》孔颖达疏。"五教"就是《孟子》文中所说的君臣、父子等五种教育。
④ 原文是"修道之谓教"，见《中庸》第一章。

存。〔《易经》:〕"天地自然界最大的特点就是使生物得到生存。"① 生物在一定条件下不能生存而遭遇死亡,怎能说是天地的罪过呢?所以谈到天地的道,只要举出实际物体、实际事件,自然就呈现出道了,这就是〔《易经》所说的〕"一阴一阳相互运动叫作道","建立天的道是阴与阳,形成地的道是柔与刚"。②

人的心灵知觉有明暗的不同。明亮时处事没有失误,昏暗时就有差错和失误。所以讲到人道,凡人伦日常生活,都是人道的实际事情。这就是〔《中庸》所说〕"按照本性的规定行事叫作道","遵循天道来修养自身"③,"天下通行的道理有五种"④。这里所说的道,是不能不修行的,这就是〔《中庸》所说的〕"要用仁的美德修行人道","圣人把修行人道作为对老百姓的教育"。那些优美正确的原则,就是所谓"建立人的基础是仁和义两种德性"⑤,及"处理事情准确,就是通达的道理"⑥。

遇事正确处理,得中窾要,成为通达的道理,这就是指把

---

① 原文是"天地之大德曰生",见《易·系辞下》。
② 原文见《易经·说卦》。
③ 原文为"修身以道",见《中庸》第二十章。
④ 原文见《中庸》第二十章。
⑤ 原文见《易经·说卦》。
⑥ 原文"中节之为达道"。按《中庸》第一章有"发而皆中节谓之和……和也者,天下之达道也"句。

纯粹优美、中正不偏的原则，推广运用到天下各方都能准确没有差误；君臣、父子、夫妻、兄弟和朋友的交往等五种人伦是通行的道理，只是举出了实际关系而已。只有用智、仁、勇的品德来实行，才能达到纯粹、优美、中正不偏。至于这五种伦理关系之所以一开始就称为达道，是因为它们在天下普遍通行而不能废除。

《易经》中讲天道，往下又联系到人和物。《易经》不仅说"道的完成是性"，而在上面一句先说"道的继续是善"。① 所谓"继"，是指人和万物对于天地自然界的善和美实际上是继承而没有间隔的；所谓"善"，是形容优美纯粹、正确不偏的一个词；而"性"则是表示实际的物体和实际事情的一个词。一件事优美正确，说明一件事符合天道；万物各自所形成的本性虽有不同，但具有的善的因素则是同一的。善是必然法则，性是自然现象，最后归向必然，也恰巧完成了自然的使命，这就叫作自然的终极。在这过程中，天地自然界以及人和万物的道都完全实现了。天道是一个总的现象，不用分开说，而对人和万物，则要分别开来才能说明。

《易经》中又说："〔关于道〕仁者见到说是仁，智者见到说是智。老百姓每天运用道而不知道，所以君子之道是少有的。"② 这说明本性形成以后，由于其受到限制而不能充分实

---

① 《易·系辞上》："一阴一阳之谓道，继之者善也，成之者性也。"
② 原文见《易·系辞上》。

现天道的人是很多的。

【问答一提要】

举例说明宋儒对"命""性""道"等概念都用"理"来充当，以致不符合《六经》、孔、孟的原意。从正面阐述生活中饮食、言语、行动以及人与人的关系都属于人道的范围。又一次论述宋儒把仁、义、礼等人道准则都称为"理"，而与《六经》、孔、孟扞格不通，是受老、庄、释氏言论影响的结果。

【原文】

问：宋儒于命、于性、于道，皆以理当之，故云"道者，日用事物当行之理"。既为当行之理，则于修道不可通，故云"修，品节之也"；而于"修身以道，修道以仁"两修字不得有异，但云"能仁其身"而不置解。于"达道五"，举孟子所称"教以人伦"者实之，其失《中庸》之本指甚明。《中庸》又言"道也者，不可须臾离也"，朱子以此为存理之说，"不使离于须臾之顷"。

王文成云："养德养身，止是一事。果能戒慎不睹，恐惧不闻，而专志于是，则神住，气住，精住，而仙家所谓'长生久视'之说，亦在其中矣。"又云："佛氏之'常惺惺',亦是'常存他本来面目'耳。"

程子朱子皆求之于释氏有年,如王文成之言,乃其初所从事。后转其说,以"常存本来面目"者为"常存天理",故于"常惺惺"之云无所改,反以"戒慎恐惧"四字为失之重。朱子云:"心既常惺惺,而以规矩绳检之,此内外相养之道也。"又云:"著'戒慎恐惧'四字,已是压得重了,要之止略绰提撕,令自省觉便是。"然则《中庸》言"道不可离"者,其解可得闻欤?

曰:出于身者,无非道也,故曰"不可须臾离,可离非道";"可"如"体物而不可遗"之可。

凡有所接于目而睹,人亦知戒慎其仪容也;有所接于耳而闻,人亦知恐惧夫愆失也。无接于目接于耳之时,或惰慢矣;惰慢之身,即不得谓之非失道。道者,居处、饮食、言动,自身而周于身之所亲,无不该焉也,故曰"修身以道";道之责诸身,往往易致差谬,故又曰"修道以仁"。此由修身而推言修道之方,故举仁义礼以为之准则;下言达道而归责行之之人,故举智、仁、勇以见其能行。

"修道以仁",因及义,因又及礼,而不言智,非遗智也,明乎礼义即智也。"智仁勇三者,天下之达德",而不言义礼,非遗义遗礼也,智所以知义,所以知礼也。仁义礼者,道于是乎尽也;智仁勇者,所以能尽道也。故仁义礼无等差，而智仁勇存乎其人，有"生知安行""学知利行""困知勉行"之殊。古贤圣之所谓道，人伦日用而已矣，于是而求其无失，则仁义礼之名因之而生。非仁、义、礼有加于道也，于人伦日用行之无失，如是之谓仁，如是之谓义，如是之谓礼而已矣。宋儒合仁、义、礼而统谓之理，视之"如有物焉，得于天而具于心"，因以此为"形而上"，为"冲漠无朕"；以人伦日用为"形而下"，为"万象纷罗"。盖由老、庄、释氏之舍人伦日用而别有所（贵）〔谓〕道，遂转之以言夫理。在天地，则以阴阳不得谓之道，在人物，则以气禀不得谓之性，以人伦日用之事不得谓之道。《六经》、孔、孟之言，无与之合者也。

【译文】

问一：宋儒对于"命""性""道"的概念都用"理"来代替，所以他们说："道就是日常事物中应当奉行的理"①。既然道被认为是应当推行的理，那么把修道说成修理是讲不通的，所以〔朱子对"修道之谓教"一句的解释中〕说

---

① 《中庸集注》第一章"率性之谓道"句朱熹注："人物各循其性之自然，则其日用事物之间莫不各有当行之路，是则所谓道也。""可离非道也"句朱熹注："道者，日用事物当行之理"。

"修，是对不同的事物加以品节"①，而对"按照道的规定来修身，按照仁的特点来修道"②一句中的两个"修"字不能作不同说明，仅仅说"使自身符合仁的标准"③，而不加以解释。对于〔《中庸》中的〕"达道五"，朱子举出孟子〔在《滕文公》上〕所说的"教以人伦"来解释④，很明显朱子没有掌握《中庸》的原意。《中庸》又说"道这个东西，是片刻也不能分离的"，朱子认为这是保存天理的意义："在极短的时间内也不能离开天理。"⑤

王文成说："修养道德与保养身体，只是一件事情。如果能在人们见不到时戒备谨慎，在人们听不到时也恐惧警惕，并且专心一意，那么神就集中，气不涣散，精也坚固，道教徒所说的长生不老的道理就在这里面了。"⑥ 又说："佛教所谓的

---

① 原文"修，品节之也"，见《中庸》第一章朱注。品节，似指对人加以节制、防范。朱熹又说："道是自然之理，圣人于中为之品节以教人"（见《朱子语类》卷六十二，《中庸》第一章）。
② 原文"修身以道，修道以仁"，见《中庸》第二十章。
③ 原文"能仁其身"，见《中庸章句》第十二章朱注。
④ 见《中庸章句》第二十章，朱熹注"达道者，天下古今所共有之路。即《书》所谓'五典'，孟子所谓父子有亲，君臣有义，夫妇有别，长幼有序，朋友有信是也"。
⑤ 原文"所以存天理之本然，而不使离于须臾之顷也"，见《中庸章句》第一章。
⑥ 原文见《王文成公全书》卷五《与陆元静书》（辛巳）。

'经常保持清醒'①,也就是他们所说的'经常保持本来的面目'罢了。"

程子、朱子都是曾经研习求索佛教理论多年的人。至于王文成所说的话,是他早年的事,后来改变了说法。把"永远保持本来面目"改为"永远保存天理",所以对于佛教的"经常保持清醒"的说法不加修改,反而认为〔《中庸》的〕"戒慎恐惧"② 四个字的差失在于讲得过重了(朱子说:"心既要经常保持清醒,又用规矩准则来约束,这是从内外两方面进行修养的方法。"③ 又说:"〔在修养中,用《中庸》的〕'戒慎恐惧'四个字已经是压得重了,只要稍微提醒一下,使人自己省察觉悟就可以了"④)。那么,《中庸》中说"道不可以片刻分离"⑤ 的真实意义你可以对我们解释一下吗?

答:身体的一切行动,都是道所规定的。所以〔《中庸》〕说"不可以片刻分离,可以分离的就不是道"⑥,这个"可"字的意思与〔《中庸》另一处说的〕"与事物结合在一

---

① 原文为"常惺惺",见《王文成公全书》卷二《传习录中·答陆元静书》。
② "戒慎恐惧"四字见《中庸》第一章"是故君子戒慎乎其所不睹,恐惧乎其所不闻"。
③ 原文见《朱子语类》卷十二《持守》。
④ 原文见《朱子文集》卷六十《答潘子善》。
⑤ 原文见《中庸》第一章。
⑥ 原文见《中庸》第一章。

起而不可遗落"① 中的"可"字相同。

凡是他人眼睛能看见的，人都知道谨慎自己的态度；凡是他人耳朵能听到的，人都知道警惕自己的过失。但是在没有接触到他人的眼睛和耳朵的时候，有的人就怠慢了，怠慢的身体，就不能说不是失去了道。"道"这个概念，居住、饮食、言语行动以及自身和周围亲近的人都包括在内。所以〔《中庸》说〕"修养自身，要按照道的规定"②。用道来要求自身，常会发现自己的不足和错误，所以《中庸》又用仁的标准来修治培养道③，这是从修养本身进一步说到人道的修治方法，所以提仁、义、礼三种德性作为标准；《中庸》下文又提到五种达道，而把责任加给推行达道的人，因此举出智、仁、勇三个特点来证明道是可以推行的。

"用仁的标准来修治培养道"④，因而联系到礼，联系到义，而没有提到智，这不是遗漏了智，明显礼和义就是智。〔《中庸》说〕"智仁勇三点是天下普遍通达的德性"⑤，这里没有提到礼和义，不是遗漏了礼，遗漏了义，有了智就能知道义，就能知道礼。仁、义、礼是道充分实现的准则；智、仁、勇是道能够充分实现的手段。所以仁、义、礼没有等级差

---

① 原文见《中庸》第十六章。
② 原文"修身以道"，见《中庸》第二十章。
③ 原文"修道以仁"，见《中庸》第二十章。
④ 原文见《中庸》第二十章。
⑤ 原文见《中庸》第二十章。

别,而智、仁、勇则在于个人,有"生下来就知道,做起来很安稳","通过学习而知道,做起来很便利",以及"经过困难才能知道,做起来很勉强"等差别。① 古代圣贤所说的道,只不过是人与人的关系以及日常活动罢了。在这些活动中追求不发生错误,仁、义、礼的概念就因此产生。仁、义、礼并没有对人道的内容有什么增加,在人伦日用中行为不发生差错,这就叫作仁,叫作义,叫作礼了。宋儒把仁、义、礼合起来总称为理,认为理"好像一个东西,从天上得来而藏在人心中"②。因而认为理是"形而上的",是"空洞淡漠、没有形迹的",而以人生的日常活动是"形而下的",是"各种现象的纷纷罗列"③。这是他们将老、庄、佛教抛弃人生活动而另外提出的一个叫道的概念,转过来指理。于是,对于天地自然界,认为阴阳二气不能称为道;对于人和万物,则认为气质禀性不能称为性,而人伦关系和日常活动不能称为道。所有这些说法,与《六经》、孔、孟的言论没有一处是相合的。

---

① 这里戴震将《中庸》第二十章所说概括为"生知安行""学知利行""困知勉行"三句。《中庸》原文为"或生而知之,或学而知之,或困而知之,及其知之一也。或安而行之,或利而行之,或勉强而行之,及其成功一也"。
② 《朱子语类》卷九十八:"性便是许多道理,得之于天而具于心者。"
③ 《朱子文集》卷四十八《答吕子约》:"阴阳也,君臣父子也,皆事物也,人之所行也,形而下者也,万象纷罗者也。是数者各有当然之理,即所谓道也,当行之路也,形而上者也,冲漠之无朕者也。"

【问答二提要】

举《中庸》之例说明《朱子集注》中对于"智者""贤者"两概念理解错误，并作出正面解释。同时明确指出道不外于人伦日用，道即是人伦日用，人伦日用是事物，仁、义、礼是事物的法则。

【原文】

问：《中庸》曰："道之不行也，我知之矣，智者过之，愚者不及也；道之不明也，我知之矣，贤者过之，不肖者不及也。"朱子于"智者"云，"知之过，以道为不足行"；于"贤者"云，"行之过，以道为不足知"。既谓之道矣，以为不足行，不足知，必无其人。彼智者之所知，贤者之所行，又何指乎？《中庸》以道之不行属智愚，不属贤不肖；以道之不明属贤不肖，不属智愚；其意安在？

曰：智者自负其不惑也，往往行之多谬；愚者之心惑暗，宜乎动辄愆失。贤者自信其出于正不出于邪，往往执而鲜通；不肖者陷溺其心，虽睹夫事之宜，而长恶遂非与不知等。然智愚贤不肖，岂能越人伦日用之外者哉？故曰："人莫不饮食也，鲜能知味也。"饮食，喻人伦日用；知味，喻行之无失；使舍人伦日用以为道，是求知味于饮食之外矣。

就人伦日用,举凡出于身者求其不易之则,斯仁至义尽而合于天。人伦日用,其物也;曰仁,曰义,曰礼,其则也。专以人伦日用,举凡出于身者谓之道,故曰"修身以道,修道以仁",分物与则言之也;"中节之为达道,中庸之为道",合物与则言也。

【译文】

问二:《中庸》说:"道不能通行,我知道,智者超过了限度,愚昧的人还不能达到;道不能明白,我也知道,贤者超过了限度,不贤的人还不能达到。"① 朱子对于"智者"的解释是"认识上的过失,以为道不足以推行";对于"贤者"的解释是"行为的过失,以为道不足以知晓"②。既然称之为道,又认为它不足以推行,不足以明晓,一定没有这种人。那么智者所知晓、贤者所推行的,又指什么呢?《中庸》认为道不能通行属于智和愚的区别,不属于贤与不肖的区别;认为道不能明白属于贤与不肖的区别,不属于智和愚的区别。③ 它的意思到底是什么?

答:智者依仗自己没有迷惑,行动中经常产生错误;愚昧

---

① 原文见《中庸》第四章。
② 原文见《中庸章句》第四章朱熹注。
③ 《中庸》第四章:"子曰:道之不行也,我知之矣,知者过之,愚者不及也。道之不明也,我知之矣,贤者过之,不肖者不及也。"

的人心中暗昧，很容易随时发生差错。贤者很自信自己所做的事业出于正当，而不出于邪恶，经常固执己见而不能通情达理；不贤的人思想堕落，即使见到事情应该怎样做才正确，但是他的邪恶在增长，错误在发展，这就和不明白道理的人一样。然而不论是智者和愚人，还是贤者和不贤的人，他们的一切活动怎能超出人伦和日常生活以外呢？所以说："人没有不饮食的，但是知道滋味的人很少。"① 饮食用来譬喻日常生活，知味用来譬喻行动正确没有差误。如果放弃人伦关系和日常生活而另外去找一个道，那就好像不进饮食而要求知道滋味一样。

对于人伦关系和日常生活来说，从本身的一切活动中求得正确不可改变的规则，那么仁就充分达到，义就充分实现，从而也都符合天道了。人伦关系和日常生活是事物，仁、义、礼是事物的规则。专门把人伦日用中自身的一切活动叫作道，因而说"按照道的规定来修养自身，按照仁的要求来修治培养道"②，这是把事物与事物的规则划分开来讲；"办事准确中肯就是道，中庸就是道"③，这两句是把事物与事物的规则合起来讲的。

---

① 原文见《中庸》第四章。
② 原文"修身以道，修道以仁"，见《中庸》第二十章。
③ 《中庸》第一章有"发而皆中节谓之和"句，《论语·雍也》有"中庸之为德也"句。戴震可能概括这两句来论证。

【问答三提要】

论述在人伦日用中实行人道，需有智、仁、勇等美德，通过学习可使智与仁达到如圣人一样。

【原　文】

问：颜渊喟然叹曰："仰之弥高，钻之弥坚，瞻之在前，忽焉在后。"公孙丑曰："道则高矣美矣，宜若登天然，似不可及也；何不使彼为可几及而日孳孳也？"今谓人伦日用举凡出于身者谓之道，但就此求之，得其不易之则可矣，何以茫然无据又若是欤？

曰：孟子言"夫道若大路然，岂难知哉"，谓人人由之。如为君而行君之事，为臣而行臣之事，为父为子而行父之事，行子之事，皆所谓道也。君不止于仁，则君道失；臣不止于敬，则臣道失；父不止于慈，则父道失；子不止于孝，则子道失；然则尽君道、臣道、父道、子道，非智仁勇不能也。

质言之，曰"达道"，曰"达德"；精言之，则全乎智仁勇者，其尽君道、臣道、父道、子道，举其事而亦不过谓之道。故《中庸》曰："大哉圣人之道！洋洋乎，发育万物，峻极于天！优优大哉！礼仪三百，威仪三千，待其人而后行。"极言乎道之大如是，岂出人伦日用之外哉！以至道归之至德之人，岂下学所易窥测哉！今以学于圣人者，视圣人之语言行事，犹学奕于奕秋者，莫能测奕秋之巧也，莫能邃几及之也。

颜子之言又曰："夫子循循然善诱人，博我以文，约我以礼。"《中庸》详举其目，曰博学、审问、慎思、明辨、笃行，而终之曰："果能此道矣，虽愚必明，虽柔必强。"盖循此道以至乎圣人之道，实循此道以日增其智，日增其仁，日增其勇也，将使智仁勇齐乎圣人。其日增也，有难有易，譬之学一技一能，其始日异而月不同；久之，人不见其进矣；又久之，已亦觉不复能进矣；人虽以国工许之，而自知未至也。颜子所以言"欲罢不能，既竭吾才，如有所立，卓尔，虽欲从之，末由也已"，此颜子之所至也。

【译　文】

问三：颜渊〔对孔子的道〕赞美和叹赏说："仰望着觉得它更加高大，钻研时觉得它更加坚固。看到它在前面，忽然又在后面。"① 公孙丑说："道是崇高而优美的，学道的人好像登天一样，不容易接触到它。为什么不使道成为可以接触到的，而要人们每天努力去求得它呢？"② 现在你说，人与人的

---

① 原文见《论语·子罕》。
② 原文见《孟子·尽心上》。

关系和日常生活中自身的一切行动就叫作道，只要从这里找出它不可改变的法则，对道就能明了，那为什么〔颜渊和公孙丑二人对道的形容〕又是这样渺茫而没有依据呢？

答：孟子说"道如同广阔的大路一样，有什么不容易明了的呢"①，这说明路是每个人要经过的。譬如作为君主的做君主的事，作为臣属的完成臣属的事，作为父亲和儿子的，做父与子应该做的事，这些都叫作道。君主不达到仁，就失去君的道；臣属不达到敬，就失去臣的道；父亲不达到慈，就失去父道；儿子不达到孝，就失去子道。然而要充分达到君道、臣道、父道、子道，没有智、仁、勇的品德是不行的。

简单地说，〔君臣父子等关系〕叫作"达道"，〔智、仁、勇等品德〕叫作"达德"；精确地说，那些完全具备仁勇的人，他们尽力去做符合君道、臣道、父道、子道的事，这些事情也只叫作道。所以《中庸》说："伟大的圣人之道啊！浩瀚无边，生长和养育万物。道像天一样高！广大无与伦比！三百种礼仪，三千种威仪，都要等待圣人才能实行。"② 这里极言道的广大无边，但何曾超出人伦日用之外呢？这里把最高的道归属于最有德性的人，其中奥妙哪里是初学的人容易推测得到的呢？现在举出向圣人学习的人来比喻，他们对圣人的言语行动不能立刻理解掌握，就好像向弈秋③学下棋的人，不能得到

---

① 原文见《孟子·告子下》。
② 原文见《中庸》第二十七章。
③ 弈秋，下棋国手。《孟子·告子上》："弈秋，通国之善弈者也。"

弈秋的技巧一样。

　　颜子又说："夫子善于逐渐引导学生，通过文章使我知识广博，又用礼仪使我行为有约束。"①《中庸》详细举出了这些教导的内容，就是要广泛学习、详细提问、谨慎思考、明确辨别和笃实行动，最后说："学习的人如果能够这样做，虽然愚昧，一定会变得聪明；虽然柔弱，一定会变得刚强。"② 因为按照这个方法去达到圣人之道，实际上就使自己的智慧逐日增加，自己的仁爱逐日增加，自己的勇敢逐日增加。总而言之，将要使自己的智、仁、勇达到圣人的标准。在逐渐增加自己的德性时，有困难也有顺利，譬如学一种技能，一种本领，开始时每天每月都有不同的进步；时间长了，人们看不到他在进步；时间再长，自己也觉得不能再进步了。人们虽然称赞他是全国最好的技工，但他自己知道还没有达到这种地步。所以颜子说"我想休息却做不到，用尽了我的才力以后，道好像耸立在眼前，超群出众，我想去追求它，却不能接触到"③，这就是颜子所达到的最高境界。

---

① 原文见《论语·子罕》。
② 《中庸》的原文是："博学之，审问之，慎思之，明辩之，笃行之。……果能此道矣，虽愚必明，虽柔必强。"见《中庸》第二十章。
③ 原文见《论语·子罕》。

仁义礼智

【提　要】

　　论述仁、义、礼是人道的准则，三者可以互相包括，而仁、义、礼也包括智，智就是懂得仁、义、礼的道理；智、仁、勇是人所具有的美德，道德的顶点是完全具备了智和仁，勇是使道德能够实现的条件。

【原　文】

　　仁者，生生之德也；"民之质矣，日用饮食"，无非人道所以生生者。一人遂其生，推之而与天下共遂其生，仁也。言仁可以赅义，使亲爱长养不协于正大之情，则义有未尽，亦即为仁有未至。言仁可以赅礼，使无亲疏上下之辨，则礼失而仁亦未为得。且言义可以赅礼，言礼可以赅义；先王之以礼教，无非正大之情；君子之精义也，断乎亲疏上下，不爽几微。而举义举礼，可以赅仁，又无疑也。举仁义礼可以赅智，智者，知此者也。

　　《易》曰："立人之道，曰仁与义。"而《中庸》曰：

"仁者，人也，亲亲为大；义者，宜也，尊贤为大；亲亲之杀，尊贤之等，礼所生也。"益之以礼，所以为仁至义尽也。语德之盛者，全乎智仁而已矣，而《中庸》曰："智仁勇三者，天下之达德也。"益之以勇，盖德之所以成也。就人伦日用，究其精微之极致，曰仁，曰义，曰礼，合三者以断天下之事，如权衡之于轻重，于仁无憾，于礼义不愆，而道尽矣。

若夫德性之存乎其人，则曰智，曰仁，曰勇，三者，才质之美也，因才质而进之以学，皆可至于圣人。自人道溯之天道，自人之德性溯之天德，则气化流行，生生不息，仁也。由其生生，有自然之条理，观于条理之秩然有序，可以知礼矣；观于条理之截然不可乱，可以知义矣。在天为气化之生生，在人为其生生之心，是乃仁之为德也；在天为气化推行之条理，在人为其心知之通乎条理而不紊，是乃智之为德也。惟条理，是以生生；条理苟失，则生生之道绝。凡仁义对文及智仁对文，皆兼生生、条理而言之者也。

【译　文】

　　"仁"这个概念，指人的共同生存与继续生存的道德。

〔《诗经》说〕"老百姓是质朴的,每天吃喝维持生活"①,说的就是人道维持生存的情况。一个人的生存得到满足,扩展开来,使天下所有人的生存都得到满足,这就是仁。讲到仁,可以包括义。如果对父母子女的亲爱和养育不符合正确的情理,就是义没有充分发挥,也就是仁没有达到。讲到仁,可以包括礼,如果没有亲近和疏远、上一辈和下一辈的区分,那就失去了礼,而仁也没有实现。此外,讲到义可以包括礼,讲到礼也可以包括义。古代的国王用礼来教育老百姓,都是光明正大的内容。君子精通义的内容,对亲密和疏远的人,对前辈和后辈,都有明确的区分和对待,丝毫没有差错。至于提到义和礼,就可以包括仁,也是没有疑问的。提到仁、义、礼、可以包括智,智就是知道仁、义、礼。

《易经》说:"作为人的道理,是仁与义。"② 而《中庸》说:"仁就是对人的爱,只有对亲人的爱最重要;义就是处理得当,唯有对贤人的尊重最重要。对亲人的爱有区别,对贤人的尊重也有等级,这样就产生了礼节。"③〔仁与义〕再加上礼,仁达到了顶点,义也就充分发挥了。讲到道德的极点,也就是充分具备智和仁罢了,而《中庸》说:"智、仁、勇三种德性是天下通行的道德。"④ 加上了勇,勇是实现道德的条件。

---

① 原文见《诗经·小雅·天保》。
② 原文是"立人之道,曰仁与义",见《易经·说卦》。
③ 原文见《中庸》第二十章。
④ 原文见《中庸》第二十章。

在人伦日用中，求索那最精美的最高的原则，就是仁，是义，是礼。把三项美德结合起来作为标准，判断天下的事情，就好像用秤来衡量轻重一样准确。对于仁没有遗憾，对于礼义没有差错，这样"道"就充分体现出来了。

至于德性存在于人本身的，是智，是仁，是勇，这三种品德是人自身才质好。由于才质好，再进一步学习，都可以达到圣人的地步。从人道的来源谈到天道，从人的德性的来源谈到天的德性，那么阴阳二气的运动变化，生殖繁衍，永不停息，就是仁。由于生殖繁衍永不停息，因而产生自然的条理，看到条理有秩序，就知道礼了；看到条理断然不会紊乱，就知道义了。从天来说，是阴阳二气的流行衍化永不停息，从人来说，是生存与发展的心意，这就是仁的德性；从天来说，是二气流行变化的条理与秩序，从人来说，是人的知觉能够认条理而不混乱，这就是智的德性。因为有条理，所以能生存发展；如果失去条理秩序，那么生存与继续生存的道理就断绝了。凡是"仁""义"两字合起来说，以及"智""仁"两字合起来说，都是说明生存与继续生存，以及条理与秩序两个方面。

【问答一提要】

　　说明"礼"不是外貌的装饰，而是一切事物的条理。通过对经典的解释，论述"礼"与"学"的重要性。

【原 文】

问：《论语》言"主忠信"，言"礼与其奢也宁俭，丧与其易也宁戚"；子夏闻"绘事后素"，而曰"礼后乎"；朱子云"礼以忠信为质"，引《记》称"忠信之人，可以学礼"证之；老氏直言"礼者，忠信之薄，而乱之首"，指归几于相似。

然《论语》又曰："十室之邑，必有忠信如丘者焉，不如丘之好学也。"曰："克己复礼为仁。"《中庸》于礼，以"知天"言之。孟子曰："动容周旋中礼，盛德之至也。"重学重礼如是，忠信又不足言，何也？

曰：礼者，天地之条理也，言乎条理之极，非知天不足以尽之。即仪文度数，亦圣人见于天地之条理，定之以为天下万世法。

礼之设所以治天下之情，或裁其过，或勉其不及，俾知天地之中而已矣。至于人情之漓，犹饰于貌，非因饰貌而情漓也，其人情渐漓而徒以饰貌为礼也，非恶其饰貌，恶其情漓耳。礼以治其俭陋，使化于文；丧以治其哀戚，使远于直情而径行。情漓者驰骛于奢与易，不若俭戚之于礼，虽不足，犹近乎制礼所起也，故以答林放问礼之本。"忠信之人，可以学礼"，言质美者进之于礼，无饰貌情漓之弊，忠信乃其人之质美，犹曰"苟非其人，道不虚行"也。

至若老氏，因俗失而欲并礼去之，意在还淳反朴，究之不能必天下尽归淳朴，其生而淳朴者，直情径行；流于恶薄者，肆行无忌，是同人于禽兽，率天下而乱者也。君子行礼，其为忠信之人固不待言；而不知礼，则事事爽其条理，不足以为君子。林放问"礼之本"，子夏言"礼后"，皆重礼而非轻礼也。

《诗》言"素以为绚"，"素"以喻其人之娴于仪容；上云"巧笑倩""美目盼"者，其美乃益彰，是之谓"绚"；喻意深远，故子夏疑之。"绘事后素"者，郑康成云："凡绘画，先布众色，然后以素分布其间以成文。"何平叔《景福殿赋》所谓"班间布白，疏密有章"，盖古人画绘定法。其注《考工记》"凡画缋之事后素功"云："素，白采也；后布之，为其易渍污也。"是素功后施，始五采成章烂然，貌既美而又娴于仪容，乃为诚美，"素以为绚"之喻昭然矣。子夏触于此言，不特于《诗》无疑，而更知凡美质皆宜进之以礼，斯君子所贵。若谓子夏后礼而先忠信则见于礼，亦如老氏之仅仅指饰貌情漓者所为，与林放以饰貌情漓为俗失者，意指悬殊，孔子安得许之？

忠信由于质美，圣贤论行，固以忠信为重，然如其质而见之行事，苟学不足，则失在知，而行因之谬，虽其心无弗忠弗信，而害道多矣。行之差谬，不能知之，徒自期于心无愧者，其人忠信而不好学，往往出于此，此可以见学与礼之重矣。

【译 文】

问一：《论语》说"以忠信为主"①，又说"在礼仪方面与其奢侈不如俭朴，在丧事方面与其隆重不如哀痛"②；子夏听〔孔子〕说"绘画的事情，最后用素白色来描饰"以后，问："是不是礼节放在最后"③；朱子〔对这一段的注释〕说"礼以忠和信为实质"，并且引《礼记·礼器》中的话"忠信的人可以学礼"来证明；④ 老子曾经直接明了地说过"礼是忠信衰薄以后才产生的，而且是混乱的开始"⑤，朱子与老子所说的宗旨几乎相似。

然而《论语》又说："十户人家的小地方就有像我一样忠诚和守信用的人，只是不如我好学罢了。"⑥ 又说："克制自己，符合礼节，就是仁。"⑦《中庸》用"懂得天道"来形容礼。⑧ 孟子说："行动和容态符合礼节，那是崇高的道德的顶

---

① 原文见《论语·学而》。
② 原文见《论语·八佾》。
③ 原文见《论语·八佾》。
④ 原文见《论语集注·八佾》朱熹注。
⑤ 原文见《老子》第三十八章。
⑥ 原文见《论语·公冶长》。
⑦ 原文见《论语·颜渊》。
⑧ 《中庸》第二十章有"不可以不知天"句。同书第二十九章有"质诸鬼神而无疑，知天也"句。

点。"① 这些论述都很重视学习和礼节，而又不提到忠和信，这是什么缘故？

答：礼是天地自然界的条理，讲到条理的最高标准，除非懂得天道，否则就不能充分掌握条理。即如礼仪形式和度量数字，也都是圣人根据天地自然界的条理而制定，作为天下和万世的规则的。

礼的建立是为了规范天下人的具体情况，或是抑制过分之处，或是鼓励不足之处，要使人们知道天地间的中庸之道罢了。至于有些人的思想感情虚浮而不淳厚，却还要装饰他们的外表，不是由于装饰外貌而引起感情虚浮，而是由于这些人思想感情趋向虚浮，仅仅依靠装饰外表来作为礼节。并不反对他们装饰外表面貌，但是厌恶他们的思想感情虚浮罢了。礼节可以规范人们简陋粗糙的行为，使其达到文雅；丧礼可以调节人们的哀痛情绪，使其避免不受控制的感情和行动。感情虚假浮薄的人一心追求奢侈与铺张，哪里比得上〔在礼仪上的〕节约与〔在丧事中的〕悲哀。虽然节俭与悲戚还有不足之处，但仍然接近于制定礼的最初要求，所以〔孔子〕用来回答林放什么是礼的根本②。〔《礼记》说〕"心地忠厚和守信用

---

① 原文见《孟子·尽心下》。
② 《论语·八佾》记载鲁国人林放问孔子礼的根本是什么，孔子说："大哉问！礼，与其奢也，宁俭；丧，与其易也，宁戚。"

的人可以学礼"①，就是说对于本质优美的人，再加上礼节，不会产生装饰表面和感情浮薄的弊病。忠与信是人的才质优美，就如同〔《易经》中〕说"如果没有这样的人，道是不能单独推行的"②。

至于老子，他由于老百姓风俗奢侈的弊病，因而要求把礼也废除掉。他的意图是要老百姓回到淳厚朴实的状态，但实际上并不能使天下的人都回到淳朴。那些出生以后就是淳厚朴实的人如果没有礼，在行事中就粗鲁直率；那些转向邪恶虚浮的人，如果没有礼，在行事中就放纵而没有顾忌。老子的这种见解是把人和禽兽等同起来，把天下引向混乱中去。君子的行为符合礼仪，他们作为忠信的人是用不着说的；相反，如果不懂得礼节，办事不符合条理，就不能成为君子。林放问孔子礼的根本是什么③，子夏〔在孔子答复以后〕说"礼是放在最后的吗"④，这两个人都重视礼而不是轻视。

《诗经》说"素白色用来衬托出绚丽多彩的颜色"⑤，"素"是譬喻人善于修饰仪态容貌。使上文中"美好的笑靥"

---

① 《礼记·礼器第十》有"君子曰：甘受和，白受采，忠信之人，可以学礼"句。
② 原文见《易经·系辞下》。
③ 《论语·八佾》："林放问礼之本。子曰：大哉问！"
④ 原文见《论语·八佾》："子曰：绘事后素。（子夏）曰：礼后乎？"关于"绘事后素"，戴震在紧接的下文中作了详细引证和说明。
⑤ 原文"素以为绚兮"，见《论语·八佾》所引。这句不见于《诗经》，是佚诗。

"明亮的眼睛"①两句所形容的美丽更加明显，这叫作绚丽多彩。〔《论语》中引用《诗经》的〕用意很深远，所以子夏有些不明白。关于"绘事后素"这一句，郑康成的解释是："凡是作画，先点染各种颜色，然后用素白色分布在各色之间，形成花纹"②（何平叔在《景福殿赋》中说的"在斑斓的色彩中间，分别加上白色，使整个画面或浓或淡有章法条理"③，实际上是古人画图的固定规则）。郑康成注释《考工记》中"凡是画图的事，最后用素白色来描绘"一句说："素是白色。最后加上去，因为白色容易染污。"④ 这就说明最后加上素白色这一道程序，才使画面的彩色有章法条理而且灿烂辉煌，容貌已经很美，又讲究礼仪，那就是真正的美，"白色用来衬托出绚丽的彩色"，这个比喻就很明白了。子夏得到孔子这句话的启发，不但对《诗经》所说的没有疑问，而且知道凡是才质

---

① 两句原文是"巧笑倩"，"美目盼"。见《诗经·卫风·硕人》，又见《论语·八佾》所引。
② 何晏集注本《论语注疏·八佾》"绘事后素"句下引郑曰"凡绘画先布众色然后以素分布其间，以成其文。喻美女虽有倩盼美质，亦须礼以成之"。
③ 何平叔，名何晏，三国时魏人。思想家和文学家。他的《景福殿赋》见《昭明文选》卷十一。
④ 原文及郑康成注均见《周礼注疏》卷四十《考工记上·画绘之事》。《考工记》原文是"凡绘之事后素功"。郑康成注原文是"素，白采也。后布之，以其易污渍也。……郑司农（指郑众）说以《论语》曰'绘事后素'"。

优美的人，都应当进一步具有礼貌，这才是君子所注重的。如果说子夏把礼放在后面，是不重视礼而重视忠信，那么他对礼的见解也像老子那样，认为礼只是装饰外表和感情虚浮的人的行为，这种看法与林放认为装饰外貌和感情虚薄是社会风俗的弊病所形成的来比较，两者在认识上相差很远，孔子又怎会对子夏加以许可呢？

忠诚和守信是因为才质的优美，圣人、贤人论人的行为，当然注重忠信。然而从另一方面说，人是像他所具有的才质那样表现在行为上的。如果学习不够，认识上就有错误，因而行动也随着错误。虽然他心中有忠诚和守信的思想，但是对于人道是很有危害的。一个人的行为发生差误却不能察觉，只是自己觉得于心无愧，这种人有忠信的美德但不好学，往往发生错误，从这里就可以看出学习与礼节的重要性了。

诚

【提 要】

详细解说了作为人的美德的智、仁、勇与作为人道准则的仁、义、礼这两组概念。指出"诚"是实行、实现之意，实行的条件是血气心知所具有的智、仁、勇，实行的目的是人伦日用中达到仁、义、礼。智、仁、勇是人的德性，仁、义、礼是善端，充分发挥了德，充分实现了善，就叫作诚。

【原 文】

诚，实也。据《中庸》言之，所实者，智仁勇也；实之者，仁也，义也，礼也。由血气心知而语于智仁勇，非血气心知之外别有智，有仁，有勇以予之也。就人伦日用而语于仁，语于礼义，舍人伦日用，无所谓仁，所谓义，所谓礼也。血气心知者，分于阴阳五行而成性者也，故曰"天命之谓性"；人伦日用，皆血气心知所有事，故曰"率性之谓道"。

全乎智仁勇者，其于人伦日用，行之而天下睹其仁，睹其礼义，善无以加焉，"自诚明"者也；学以讲明人伦日用，务求尽夫仁，尽夫礼义，则其智仁勇所至，将日增益以[1]于圣人之德之盛，"自明诚"者也。质言之，曰人伦日用；精言之，曰仁，曰义，曰礼。所谓"明善"，明此者也；所谓"诚身"，诚此者也。质言之，曰血气心知；精言之，曰智，曰仁，曰勇。所谓"致曲"，致此者也；所谓"有诚"，有此者也。言乎其尽道，莫大于仁，而兼及义，兼及礼；言乎其能尽道，莫大于智，而兼及仁，兼及勇。

是故善之端不可胜数，举仁义礼三者而善备矣；德性之美不可胜数，举智仁勇三者而德备矣。曰善，曰德，尽其实之谓诚。

【注 释】

［1］中华书局本原按：疑脱"至"字。

【译 文】

　　诚就是实。按照《中庸》的说法，用来充实人道的动力是智、仁、勇；被充实的内容是仁、义、礼。由于人有了血肉气质和心灵智慧才可以说到智、仁、勇，不是血气心知以外另有天所给予的智、仁、勇。在人伦关系和日常生活中，才可以谈到仁，谈到礼和义，没有人伦日用，就没有什么仁、什么义、什么礼了。血气心知是从阴阳五行之气那里分出来而形成本性的基本因素，所以〔《中庸》〕说"天所命令规定的叫性"①。人伦关系和日常生活都属于与血气心知有关联的事，所以〔《中庸》〕说"按照性所具有的特点去行事叫作道"②。

　　完全具备智、仁、勇的人，在人伦关系和日常生活的所作所为中，天下的人都看到他的仁，他的礼和义，没有比这情况更完美的了，这就是"从诚达到明"③的人；通过学习，讲清

① 原文见《中庸》第一章。
② 原文见《中庸》第一章。
③ 原文是"自诚明"。《中庸》第二十一章有"自诚明，谓之性"句。

楚人伦关系以及日常生活的准则，在其中力求充分体现出仁，充分体现出礼和义，那么血气心知所产生的智、仁、勇等德性，将不断增加以致达到像圣人一样的道德盛美，这就是"从明达到诚的人"。简单地说，是人伦日用，而精确地说，是仁、是义、是礼。〔《中庸》〕所说的"明善"，就是明晓仁、义、礼；所说的"诚身"，就是用仁、义、礼来修养充实自身。① 简单来说，是血肉气质和心灵智慧，精确来说，是智、是仁、是勇。〔《中庸》〕所说的"致曲"，就是力求达到智、仁、勇；所说的"有诚"，就是指本身具有智、仁、勇。② 说到人道的充分体现，最主要的因素是仁，也兼有义、兼有礼；说到能充分体现道，最主要的条件是智，也兼有仁、兼有勇。

所以，善的名目很多，举出仁、义、礼三种，善就具备了；美好的德性很多，举出智、仁、勇三种，德就具备了。称为善的〔仁、义、礼〕和称为德的〔智、仁、勇〕，它们的充分实现就叫作诚。

【问答一提要】

说明智、仁、勇的含义，再次指出用智、仁、勇的美德来

---

① 《中庸》第二十一章有"诚身有道，不明乎善，不诚乎身矣"句。
② 《中庸》第二十三章："其次致曲，曲能有诚。"致曲，指致力于一部分，还不全面。

推行人道就是诚。

【原文】

问:《中庸》言:"或生而知之,或学而知之,或困而知之;或安而行之,或利而行之,或勉强而行之。"朱子云:"所知所行,谓达道也。"今据上文云"君臣也,父子也"之属,但举其事,既称之曰"达道";以智仁勇行之,而后为君尽君道,为臣尽臣道;然则所谓知之行之,宜承智仁勇之能尽道而言。

《中庸》既云"所以行之者三",又云"所以行之者一也",程子朱子以"诚"当其所谓"一";下云"凡为天下国家有九经,所以行之者一也",朱子亦谓"不诚则皆为虚文"。在《中庸》,前后皆言诚矣,此何以不言"所以行之者诚也"?

曰:智也者,言乎其不蔽也;仁也者,言乎其不私也;勇也者,言乎其自强也;非不蔽不私加以自强,不可语于智仁勇。既以智仁勇行之,即诚也。使智仁勇不得为诚,则是不智不仁不勇,又安得曰智仁勇!

下云"齐明盛服,非礼不动,所以修身;去谗远色,贱货而贵德,所以劝贤";既若此,亦即诚也。使"齐明盛服,非礼不动"为虚文,则是未尝"齐明盛服,非礼不动"也;"去谗远色,贱货而贵德"为虚文,则是未尝"去谗",未尝"远色",未尝"贱货贵德"也;又安得言之!

其皆曰"所以行之者一也",言人之才质不齐,而行达道之必以智仁勇,修身之必以齐明盛服,非礼不动,劝贤之必以去谗远色,贱货而贵德,则无不同也。孟子答公孙丑曰,"大匠不为拙工改废绳墨,羿不为拙射变其彀率",言不因巧拙而有二法也;告滕世子曰,"夫道,一而已矣",言不因人之圣智不若尧、舜、文王而有二道也。

盖才质不齐,有生知安行,有学知利行,且有困知及勉强行。其生知安行者,足乎智,足乎仁,足乎勇者也;其学知利行者,智仁勇之少逊焉者也;困知勉强行者,智仁勇不足者也。《中庸》又曰,"及其知之一也","及其成功一也",则智仁勇可自少而加多,以至乎其极,道责于身,舍是三者,无以行之矣。

【译　文】

　　问一:《中庸》说:"有的人生下来就明白道理,有的人通过学习才明白道理,有的人经过困难而明白道理;有的人行为从容安定,有的人行事是为了有利,有的人实行起来很勉强。"① 朱子对这几句话解释说:"所知及所行的内容指达道。"② 现据《中庸》前文说"君臣,父子"这些,只是举出人与人的关系,就称为达道;要用智、仁、勇来推行,然后作为君的发挥君道,作为臣的发挥臣道。如果这样理解不错,那么《中庸》所谓的"知道的"和"实行的"应该是根据上文具备智、仁、勇的条件才能发挥达道而说的。

《中庸》既然说"用来行动的动力是三种达德"③,又说"实行起来的要求和条件是同一的"④,程子、朱子用"诚"字来充当《中庸》的"一";《中庸》下文中又有"治理天下国家有九条定理,在实行中对人们的要求和条件是同一的",朱子在这句的注释中也说"如没有达到诚,则一切都成为空话"⑤。在《中庸》中,前后都谈到"诚"字,但为什么在"实行的要求和条件是同一的"这句中不说"实行起来要求具备诚"呢?

答:智这个德性,指不受蒙蔽;仁这个德性,指没有私念;勇这个德性,指能够自强。如果不能做到不受蒙蔽,没有

---

① 原文见《中庸》第二十章。
② 朱熹原文是"知之者之所识,行之者之所行,谓达道也",见《中庸章句》第二十章朱熹注。
③ 原文见《中庸》第二十章:"天下之达道五,所以行之者三。"
④ 原文见《中庸》第二十章:"五者(指君臣、父子、夫妇、兄弟、朋友)天下之达道也。三者(指智、仁、勇)天下之达德也。所以行之者一也。"
⑤ 原文及朱子注释均见《中庸章句》第二十章。

私心并且自强不息，那就不能说具有智、仁、勇。既然智、仁、勇是用来推行人道的，这三者就是诚。如果智、仁、勇还不能达到诚，那就是不智、不仁、不勇，这样又怎么能称为智、仁、勇呢？

〔《中庸》〕下文说："斋戒洁静，衣饰整齐，无礼的事不做，这是修身的要点；避免谗佞，远离美色，不重视货财而以道德为高贵，这是鼓励向贤的方法。"① 既然如此，这些也都是诚。如果"斋戒整洁，不合礼的事不做"是空话，那就是没有达到"斋戒和衣服整洁，不做不合礼的事"；如果"去谗佞，远美色，贱财货，重道德"是空话，那就是没有达到"去谗"，没有"远色"，没有"贱财货，贵道德"。既然都没有做到，又怎能空谈这些行为呢？

至于〔《中庸》文中对于达道，对于九经〕都说"实行起来的要求和条件是同一的"②，是讲人的才质虽然不一样，但是推行达道必须用智、仁、勇三种美德，修养自身必须斋戒和衣饰整洁，不符合礼的事不做，鼓励向贤必须远避谗佞、美色，贱视货财，尊重道德，所有这些要求则是没有不同的。孟子答公孙丑说，"高超的匠人不因为有拙劣的工匠而改变自己的标准；善于射箭的羿不因为有拙劣的射手而改变自己射箭的规格"③，这是说不因为人有灵巧与拙劣的不同而提出不同的

---

① 原文见《中庸》第二十章。
② 原文见《中庸》第二十章。
③ 原文见《孟子·尽心上》。

规定要求。孟子告诉滕世子说,"道理就是一个罢了"①,这是说不因为人的聪明智慧赶不上尧、舜和文王,而在为人的道理上产生两种要求、两个标准。

实际上人的才质不一样,有的人生下来就知道道理,做起事来安定稳当;有的人学习以后才知道道理,然后才能顺利办事;还有的人学习知识很艰难,办事很勉强。那些生知安行的人是充分具有智、仁、勇的人;那些通过学习知道道理办事便利的人,他们的智、仁、勇稍许差一些;那些经过艰苦学习才勉强知道道理的人,是智、仁、勇不足的人。《中庸》又说,"等到懂得道理的时候,他们都是一样的"②,"等到成功的时候,他们都是一样的"③,这就是说,智、仁、勇三种美德可以从少增多,最终达到极点。在推行人道时,对于人本身要求具有智、仁、勇,除了这三种美德就没有方法推行人道了。

---

① 原文见《孟子·滕文公上》。
② 原文见《中庸》第二十章。
③ 原文见《中庸》第二十章。

权

【提 要】

　　用孟子"执中无权，犹执一也"的话，评论宋儒以个人意见为理是"执理无权"，以致是非轻重不分。论述宋儒天理人欲之辨成为残民之具，使天下受其祸。正面指出在人伦日用中，通天下之情，遂天下之欲，丝毫不爽，就是理。

【原 文】

　　权，所以别轻重也。凡此重彼轻，千古不易者，常也，常则显然共见其千古不易之重轻；而重者于是乎轻，轻者于是乎重，变也，变则非智之尽，能辨察事情而准，不足以知之。

　　《论语》曰："可与共学，未可与适道；可与适道，未可与立；可与立，未可与权。"盖同一所学之事，试问何为而学，其志有去道甚远者矣，求禄利声名者是也，故"未可与适道"；道责于身，不使差谬，而观其守道，能不见夺者寡矣，故"未可与立"；虽守道卓然，知常而不知变，由精义未深，所以增益其心知之明使全乎圣智者,未之尽也,故"未可与权"。

孟子之辟杨墨也,曰:"杨墨之道不息,孔子之道不著,是邪说诬民,充塞仁义也;仁义充塞,则率兽食人,人将相食。"今人读其书,孰知所谓"率兽食人,人将相食"者安在哉!

孟子又曰:"杨子取为我,拔一毛而利天下,不为也;墨子兼爱,摩顶放踵利天下,为之;子莫执中,执中为近之,执中无权,犹执一也,所恶执一者,为其贼道也,举一而废百也。"今人读其书,孰知"无权"之故,"举一而废百"之为害至钜哉!

孟子道性善,于告子言"以人性为仁义",则曰"率天下之人而祸仁义",今人读其书,又孰知性之不可不明,"戕贼人以为仁义"之祸何如哉!

老聃庄周"无欲"之说,及后之释氏所谓"空寂",能脱然不以形体之养与有形之生死累其心,而独私其所谓"长生久视",所谓"不生不灭"者,于人物一视而同用其慈,盖合杨墨之说以为说。由其自私,虽拔一毛可以利天下,不为;由其外形体,溥慈爱,虽摩顶放踵以利天下,为之。

宋儒程子朱子,易老、庄、释氏之所私者而贵理,易彼之外形体者而咎气质;其所谓理,依然"如有物焉宅于心"。于是辨乎理欲之分,谓"不出于理则出于欲，不出于欲则出于理"，虽视人之饥寒号呼，男女哀怨，以至垂死冀生，无非人欲，空指一绝情欲之感者为天理之本然，存之于心。及其应事，幸而偶中，非曲体事情，求如此以安之也；不幸而事情未明，执其意见，方自信天理非人欲，而小之一人受其祸，大之天下国家受其祸，徒以不出于欲，遂莫之或寤也。凡以为"理宅于心"，"不出于欲则出于理"者，未有不以意见为理而祸天下者也。

人之患，有私有蔽；私出于情欲，蔽出于心知。无私，仁也；不蔽，智也；非绝情欲以为仁，去心知以为智也。是故圣贤之道，无私而非无欲；老、庄、释氏，无欲而非无私；彼以无欲成其自私者也；此以无私通天下之情，遂天下之欲者也。凡异说皆主于无欲，不求无蔽；重行，不先重知。人见其笃行也，无欲也，故莫不尊信之。

圣贤之学，由博学、审问、慎思、明辨而后笃行，则行者，行其人伦日用之不蔽者也，非如彼之舍人伦日用，以无欲为能笃行也。人伦日用，圣人以通天下之情，遂天下之欲，权之而分理不爽，是谓理。宋儒乃曰"人欲所蔽"，故不出于欲，则自信无蔽。

古今不乏严气正性、疾恶如雠之人，是其所是，非其所非；执显然共见之重轻，实不知有时权之而重者于是乎轻,轻者于是乎重。其是非轻重一误,天下受其祸而不可救。岂人欲蔽之也哉?自信之理非理也。然则孟子言"执中无权",至后儒又增一"执理无权"者矣。

【译 文】

秤,是用来衡量区别轻重的。凡是这一件东西重,那一件东西轻,永远不会改变的,叫作常。常就是人们共同见到千万年也不会改变的重和轻。而重的东西在一定情况下会成为轻的,轻的东西在一定情况下会成为重的,这种情况叫作变。对于变的现象如果不充分发挥智力,准确分辨事情,那就不能发现。

《论语》说:"〔对于一个人,〕可以与他共同学习,但不一定能与他共同趋向圣人之道;可以与他共同趋向圣人之道,但不一定能与他共同建立事业;可以与他共同建立事业,但不一定能与他共同对待变化的情况。"① 这是由于同样学习一件事,如果就学习的目的而言,那么有人的志愿与圣人之道相差很远,这就是为了利禄和名声学习的人,所以"不能与他共同趋向圣人之道";道对于人自身的要求是行为不产生差错失误,但是我们看到一个人在坚守圣道的过程中,很少有不失误的,所以"不一定能与他共同建立事业";虽然坚守圣道很坚决,但只知道不变的情况,而不知道变化的情况,这

---

① 原文见《论语·子罕》。

是由于对事物理解还不深刻，所以使心灵知觉能力增加而达到圣人那样聪明智慧的本性还没有充分发挥，因此"不能与他共同对待变化的情况"。

孟子在谴责杨朱和墨翟时说："杨墨的道理不熄灭，孔子的道理就不显著，〔杨墨之道〕是邪僻的学说，欺骗老百姓，堵塞了仁义道德；仁义既被阻塞，就会产生驱使野兽吃人，人与人互相噬食的情况。"① 现在的人读孟子的书，谁能知道孟子说"带野兽吃人，人互相噬食"的话指的是什么啊？

孟子又说："扬子主张为我，即使拔身上一根毫毛而有利于天下的事也不去做；墨子主张兼爱，磨光了头顶和脚跟，只要有利于天下，他就去做；子莫采取折中的办法，两方面都顾到，折中比较合理。但是以折中来说，如果情况变化时不能权衡轻重，那也同片面坚持极端一样。片面坚持极端的弊病，在于有害圣人之道。只主张一个方面，而排除其他一百个方面。"② 现今的人读孟子的书，谁知道"不能权衡轻重"的根源是什么，以及"主张一个方面，排除其他一百个方面"的严重祸害呢？

孟子讲性善，他对于告子所说的"在人性中加上仁义〔就好像把杞柳加工成杯盘一样〕"加以驳斥，认为这是"带动天下的人来危害仁义"③。现今的人读孟子的书，又有谁知

---

① 原文见《孟子·滕文公下》。
② 原文见《孟子·尽心上》。
③ 原文均见《孟子·告子上》。

道性的内容不可不明白，而〔告子所说〕的"摧残人性而形成仁义"具有多么大的危害呢？

老、庄的无欲的理论，以及后来佛教空虚静寂的说法，都能够摆脱对身体的调养以及形体的生死这些事情在自己思想上的牵累，而唯独偏爱他们所说的"长生久视"和"不生不灭"，对于人和物一视同仁地表现出慈爱，这种理论是把杨子和墨子的说法结合起来而提出的。由于自私，即使拔一毫毛而有利于天下的事也不做；由于认为形体不属于自身，因此普遍表示慈爱，虽然磨破了头皮脚跟，只要有利于天下，就愿意去做。

宋儒程子、朱子把老、庄、佛教为了自私而对精神的重视改变成对理的重视。把老、庄、佛教不认为形体属于自己本身改变成把一切邪恶归属于气质形体。他们所谓的理，仍然"如同一个东西存在于心中"。因而他们辨别理和欲的区分时说："任何事情不是出于天理就是出于人欲，不出于人欲就是出于天理"①。虽然见到人们饥寒号呼，男女之间哀感怨恨，以至于临死时还希图生存等现象，都认为是人欲，而空洞指出一个断绝感情欲望的东西称为天理的本来状态，认为这个天理存在于人的心中。当他们遇到事情发生时，如果侥幸而偶然处理得当，那并不是由于深入细致地体会了解，找出了把事

---

① 原文"不出于理则出于欲，不出于欲则出于理"。《二程遗书》卷二十四"人心私欲，故危殆；道心天理，故精微。灭私欲则天理明矣"即是此意。

情办得妥贴的方法；如不幸而对事情不明白，反而固执己见，当他们自信根据天理而不是根据人欲的时候，从小的方面说，个别人要受到灾祸，从大的方面说，整个天下国家都要受到灾难。然而他们自认为所作所为不出于人欲，因而对所造成的灾难一点也没觉悟。凡是以为"理存在于心中"，"不是根据天理就是根据人欲"的人，他们之中没有一个不是把个人意见当作理而对天下人造成灾祸的。

人的弊病有两种，一是心中有私意，二是认识受到蒙蔽。① 私意出于感情欲望，蒙蔽由于心的认识〔不清〕。如果没有私意，就是仁；不受蒙蔽，就是智。但不是断绝感情欲望来达到仁，排除知觉认识来达到智。因此，儒家圣贤的道理是没有私心而不是没有欲望；老、庄、佛教的道理是没有欲望而不是没有私心。老、庄、佛教是把无欲作为手段来达到他们的自私，而儒家是以无私来畅通天下人的感情，满足天下人的欲望。凡是异端学说都主张无欲，不要求无蔽；重视行动，不重视知觉认识。一般人看到他们笃实行动，看到他们没有欲望，所以都尊重和相信他们。

至于圣贤的学问是从广泛学习、认真发问、谨慎思考、明确辨别开始，然后有笃实的行动，② 这个行动就是在人伦日用

---

① 参见《戴东原集》卷十一《沈处士戴笠图题咏序》中说："余尝谓学之患二，曰私，曰蔽。"本书《理》篇问答九也谈到私和蔽的问题。
② 这里借用《中庸》第二十章的"博学之，审问之，慎思之，明辨之，笃行之"。

中实行不受蒙蔽的正确原则，不像老、庄、佛教那样舍弃人伦日用，把无欲认为是笃实行动。在人伦日用之中，圣人能够畅通天下人的感情，满足天下人的欲望，衡量起来一条也没有差错，这就是理。宋儒反而说"被人欲所蒙蔽"①，因此只要不出于人欲，就自信没有受蒙蔽。

从古到今有不少气概严肃，性情正直，把邪恶当作仇敌一样的人，他们肯定自己认为对的，否定自己认为不对的。他们所掌握的是人们显然都见到的重和轻，而不了解实际上衡量事物时，重的东西在一定情况下会变轻，轻的在一定情况下会变重。一旦是非轻重弄错了，天下就会受他的祸害而无法挽救。这怎么会是人欲对他的蒙蔽呢？〔其实是由于〕他所认为的理并不是理。这样看来，孟子说"坚持折中的办法就不能权衡轻重"②，到了后儒又增加一个"坚持理，就失去权衡"了。

【问答一提要】

宋儒认为自信无欲便得理，虽意见有偏，但也认为出于理

---

① 《二程遗书》卷十一《明道先生语一》："人心莫不有知，惟蔽于人欲，则忘天德（原注：一作理）也。"又《大学章句·经一章》朱熹注："明德者，人之所得乎天。……但为气禀所拘人欲所蔽，则有时而昏。"以上两条可能就是戴文所据。又本书卷上《理》篇问答九也有"朱子亦屡言人欲所蔽"的话。
② 原文是"执中无权"，见《孟子·尽心上》。

不出于欲。作者揭示出这些理论的思想根源。论述宋儒的"理一分殊"以及心中浑然一理，都来源于佛教。正面论述作者对"一以贯之"在理解上与宋儒的区别。

【原 文】

问：宋儒亦知就事物求理也，特因先入于释氏，转其所指为神识者以指理，故视理"如有物焉"，不徒曰"事物之理"，而曰"理散在事物"。事物之理，必就事物剖析至微而后理得；理散在事物，于是冥心求理，谓"一本万殊"，谓"放之则弥六合，卷之则退藏于密"，实从释氏所云"遍见俱该法界，收摄在一微尘"者比类得之。

既冥心求理，以为得其体之一矣；故自信无欲则谓之理，虽意见之偏，亦曰"出于理不出于欲"。徒以理为"如有物焉"，则不以为一理而不可；而事必有理，随事不同，故又言"心具众理，应万事"；心具之而出之，非意见固无可以当此者耳。况众理毕具于心，则一事之来，心出一理应之；易一事焉，又必易一理应之；至百千万亿，莫知纪极。心既毕具，宜可指数；其为一，为不胜指数，必又有说，故云"理一分殊"。

然则《论语》两言"（以）一〔以〕贯之"，朱子于语曾子者，释之云："圣人之心，浑然一理，而泛应曲当,用各不同;曾子于其用处,盖已随事精察而力行之,但未知其体之一耳。"此解亦必失之。二章之本义,可得闻欤?

曰:"一以贯之",非言"以一贯之"也。道有下学上达之殊致,学有识其迹与精于道之异趋;"吾道一以贯之",言上达之道即下学之道也;"予一以贯之",不曰"予学",蒙上省文,言精于道,则心之所通,不假于纷然识其迹也。《中庸》曰:"(中)〔忠〕恕违道不远。"孟子曰:"强恕而行,求仁莫近焉。"盖人能出于己者必忠,施于人者以恕,行事如此,虽有差失,亦少矣。凡未至乎圣人,未可语于仁,未能无憾于礼义,如其才质所及,心知所明,谓之忠恕可也。

圣人仁且智,其见之行事,无非仁,无非礼义,忠恕不足以名之,然而非有他也,忠恕至斯而极也。故曾子曰,"夫子之道,忠恕而已矣"。"而已矣"者,不足之辞,亦无更端之辞。下学而上达,然后能言此。

《论语》曰:"多闻阙疑,慎言其余;多见阙殆,慎行其余。"又曰:"多闻,择其善者而从之;多见而识之,知之次也。"又曰:"我非生而知之者,好古敏以求之者也。"是不废多学而识矣。然闻见不可不广,而务在能明于心。一事豁然,使无余蕴,更一事而亦如是,久之,心知之明,进于圣智,虽未学之事,岂足以穷其智哉!

《易》曰:"精义入神,以致用也。"又曰:"智周乎万物而道济天下,故不过。"孟子曰:"君子深造之以道,欲其自得之也;自得之,则居之安;居之安,则资之深;资之深,则取之左右逢其源。"凡此,皆精于道之谓也。心精于道,全乎圣智,自无弗贯通,非多学而识所能尽;苟徒识其迹,将日逐于多,适见不足。《易》又曰:"天下同归而殊涂,一致而百虑,天下何思何虑!""同归",如归于仁至义尽是也;"殊涂",如事情之各区以别是也;"一致",如心知之明尽乎圣智是也;"百虑",如因物而通其则是也。

孟子曰"博学而详说之,将以反说约也","约"谓得其至当;又曰:"守约而施博者,善道也;君子之守,修其身而天下平。""约"谓修其身。《六经》、孔、孟之书,语行之约,务在修身而已;语知之约,致其心之明而已;未有空指"一"而使人知之求之者。

致其心之明,自能权度事情,无几微差失,又焉用知"一"求"一"哉?

【译 文】

问一:宋儒也知道从事物中求得理。只是因为他们先学习了佛教的学说,把佛教的神识转过来指理,因此认为理"好像一个东西"。他们不仅讲"事物的理",而且讲"理分布在事物中"①。关于事物的理,〔我们知道〕必须要对事物分析解剖到细微的程度然后才能得到。〔宋儒认为〕理分布在事物中,于是默然思索去寻求理,说"一个本源产生一万种不同现象"②,说"放出去充满整个宇宙,收起来保存在秘密的地方"③,这些讲法实际是同佛教说的"普遍出现在宇宙各个方面,收拢在一粒细微的尘土上"④互相对照而产生的。

〔宋儒〕既然在心中沉思苦想去求理,自认为得到理的"一个整体",所以他们自信只要没有人欲就叫作理。虽然意见有偏差,也说"这是根据天理,而不是根据人欲"。他们以为理"像一个东西",那么非得认为理只有一个不可;但任何事物都有理,不同事物有不同的理,所以他们又说"心里面

---

① 《朱子语类》卷十八:"事事物物各自有理。"又同卷:"万物皆有此理,理皆同出一源。"
② 原文作"一本万殊"。参阅张载《正蒙·诚明》关于气质之性和天地之性的一段下朱熹注说:"天地之性,则太极未然之妙,万殊之一本也。气质之性则二气交运而生,一本之万殊也",又说"天地之性是理也。才到有阳阴五行处便有气质之性,于此便有昏明厚薄之殊"。又朱熹解释"一贯"时说"到这里只见得一本万殊,不见其他",见《朱子语类》卷二十七《里仁下》。
③ 原文是"放之则弥六合,卷之则退藏于密",见《二程遗书》卷十一《明道先生语一》。又见正谊堂全书本《二程语录》卷八。
④ 原文是"遍现俱该法界,妆摄在一微尘",见《传灯录》卷二"达磨"条。又见《五灯会元》卷一"达磨"条。

具有许多理,来应付万事万物"①;具备在心中的东西用来应付外界事物,那么除了个人意见以外,必定没有别的什么可以相当于这个东西了。况且如果是许多理都聚集在心中,一件事发生后心中提出一个理来应付,换了一件事,又必要换一个理来应付,一直到千千万万,没有终了。心里既然具有万千种理,那就应当可以计数的,然而他们说理是一个,那是不能够计数的,所以又必然要有一种说法,所以他们说"理是一个,分开来有许多不同"②。

然而《论语》两次提到"一以贯之"③,朱子在〔孔子〕向曾子说的那一节中解释说:"圣人心中的理是不可分割的一个,而对于各种事情都能应付得当,所起的作用各不相同。曾子在所起的作用方面,已经按事情的不同,通过精细观察而努力做到,然而他还不知道理是一完整的本体。"④ 朱子的这个解释也肯定错了。《论语》两章的本来意义,你可以讲一下吗?

---

① 原文是"心具众理,应万事",朱熹在《大学·经一》中说:"明德者,人之所得乎天,而虚灵不昧,以具众理而应万事者也。"
② 原文是"理一分殊",程颐《伊川文集》卷五有《答杨时论西铭书》,其中有"西铭明理一而分殊"之句。《朱子语类》卷九十八《张子之书》中说"《西铭》通体是一个理一分殊",《西铭》是张载的代表作之一。
③ 《论语·里仁》:"子曰:参(指曾参)乎,吾道一以贯之,曾子曰:唯。"又《论语·卫灵公》:"子曰:……予一以贯之。"
④ 原文见《论语集注·里仁》朱熹注。

答：〔《论语》中孔子说〕"一以贯之"，不是说"以一贯之"。对于天道和人道，有开始学习和最后完成的不同阶段，对于学习有认识形迹和深入精通道理的不同趋向。〔孔子说〕"我们的道是一以贯之的"①，是说初学的道和最后完成的道都是同一的道。"我一以贯之"，不说"我的学习"，是由于上一句讲到学与识，所以这里省略了，这句话的意义是说精通道的人，他心中所通晓的道不需要依靠许多形迹上的认识。②《中庸》说："忠诚和宽恕的人距离道是不远的。"③ 孟子说："努力做到恕，这是求得仁的最好方法。"④ 如果人本身表达的思想是忠诚，对待别人的态度是宽恕，那么虽然有失误，也不会多。凡是一个人没有进入圣人的境界，还不能谈到仁，也不能在礼义方面没有缺点，按照他的才质所能达到，他的心知所能明白的，称为忠和恕就可以了。

圣人既有仁又有智，他的道德表现在行为上，没有不是仁的，没有不是礼和义的，忠与恕还不足以形容，但是圣人也没有其他什么，只是他的忠恕达到极点罢了。所以曾子说，

---

① 原文见《论语·里仁》："吾道一以贯之。"
② 《论语·卫灵公》："子曰：'赐也，汝以予为多学而识之者欤？'对曰：'然非欤？'曰：'非也，予一以贯之。'""不需要依靠许多形迹上的认识"一句原文为"不假于纷识其迹也"，指不需要"多学而识"。
③ 原文见《中庸》第十三章。
④ 原文见《孟子·尽心上》。

"〔孔〕夫子之道，忠恕而已矣"①（"而已矣"这个词表示还不足，也没有其他词可以代替②）。只有从开始学习，逐步向上，达到懂得天道、人道以后，才能谈到忠和恕这一点。

《论语》说："多听取意见，对于不明白的事情不随便说。其余不发生怀疑的地方，也要慎重表达；多见识事物，对于不稳当的事不随便做，其余稳妥的事也要慎重去做。"③ 又说："多听各种见解，选择合理的事去做，多见识各种事物，记在心中，这些都是求知的次序。"④ 又说："我不是生出来就知道的，而是爱好古人的道理，经过努力学习来寻求的。"⑤ 以上孔子的话都说明他不放弃多学和多记忆。听闻和见识的范围不可能不广大，然而主要的任务还在于心中能够明白。把一件事情弄清楚，使问题没有遗留，换一件事也是这样。时间长了，心灵知觉的光明程度达到圣人智者一样，虽然遇到没有学习过的事，哪里足以穷竭他的智能呢？

《易经》说："精研义理，进入神明的境界，达到有用的目的。"⑥ 又说："圣人的智力能普遍了解万物，他的道理能把

---

① 原文见《论语·里仁》。
② 原文是"而已矣者，不足之辞，亦无更端之词"。朱熹认为"而已矣者，竭尽无余之词"，见《朱子语类》卷二十七。
③ 原文见《论语·为政》。
④ 原文见《易经·系辞下》。
⑤ 原文见《论语·述而》。
⑥ 原文是"是不废多学而识矣"。

恩惠普遍给予天下人，所以没有过失。"① 孟子说："君子按照道的原则深入修养，目的是要得到自觉的理解，自己得到的认识，在心中就很稳定，运用起来没有穷尽，好像左右都是泉源，随时随地可以汲取一样。"② 所有这些，都是对于精通道理的形容。如果一个人在心中能精通道理，具备圣人的智慧，自然没有不能贯通的事，这不是多学习和多记忆所能穷尽的，如果在形式上记忆，只能增加表面的认识，恰恰不能精通道理。《易经》又说："整个天下有同样的归宿，而走向归宿的途径不同，目的是一致的，而达到目的的考虑又多种多样，天下的事〔本来是自然的〕何必去思虑！"③ 这里"相同的归宿"，例如趋向于仁和义的极点；"不同的途径"，比如事情各有区别；"一致"，比如心知明澈能充分达到圣智；"多样的考虑"，比如对不同的事务掌握它们的不同规则。

孟子说"广博的学习，详尽的解说是为了进一步简约扼要说明"④，这里的"约"字是指掌握问题的主要方面。孟子又说"自己本身的操守很简约，而道德行为能对人们起很大的作用，这就是优美的道德；君子的行为操守在于修养本身，进一步使天下平定"⑤，这里的"约"字指修养本身。《六

---

① 原文见《易经·系辞下》。
② 原文见《易经·系辞上》。
③ 原文见《孟子·离娄上》。
④ 原文见《孟子·离娄下》。
⑤ 原文见《孟子·尽心下》。

经》、孔、孟书中讲到操守行为的"约",主要在于修养自身罢了;讲到知觉认识的"约",在于使心中光明洞察罢了;并不是凭空举出一个"一"字,要人们去认识、去寻求。

如果做到心中明察,自然可以在权衡测度事情时没有丝毫差误,又哪里需要知道"一"去寻求"一"呢?

【问答二提要】

论述作者与宋儒对"克己复礼"一词理解的不同,再一次指出宋儒的思想根源与老、庄、佛教的关系。

【原　文】

问:《论语》言"克己复礼为仁",朱子释之云:"己,谓身之私欲;礼者,天理之节文。"又云:"心之全德,莫非天理,而亦不能不坏于人欲。"盖与其所谓"人生以后此理堕在形气中"者互相发明。老、庄、释氏,无欲而非无私;圣贤之道,无私而非无欲;谓之"私欲",则圣贤固无之。然如颜子之贤,不可谓其不能胜私欲矣,岂颜子犹坏于私欲邪?况下文之言"为仁由己",何以知"克己"之"己"不与下同?此章之外,亦绝不闻"私欲"而称之曰"己"者。

朱子又云:"为仁由己,而非他人所能与。"在"语之而不惰"者,岂容加此赘文以策励之!其失解审矣。

然则此章之解，可得闻欤？

曰：克己复礼之为仁，以"己"对"天下"言也。礼者，至当不易之则，故曰，"动容周旋中礼，盛德之至也"。凡意见少偏，德性未纯，皆己与天下阻隔之端；能克己以还其至当不易之则，斯不隔于天下，故曰，"一日克己复礼，天下归仁焉"。

然又非取决于天下乃断之为仁也，断之为仁，实取决于己，不取决于人，故曰，"为仁由己，而由人乎哉"。自非圣人，未易语于意见不偏，德性纯粹；至意见不偏，德性纯粹，动皆中礼矣。就一身举之，有视，有听，有言，有动，四者勿使爽失于礼，与"动容周旋中礼"，分"安""勉"而已。圣人之言，无非使人求其至当以见之行；求其至当，即先务于知也。凡去私不求去蔽，重行不先重知，非圣学也。

孟子曰："执中无权，犹执一也。"权，所以别轻重；谓心之明，至于辨察事情而准，故曰"权"；学至是，一以贯之矣，意见之偏除矣。

【译文】

问二：《论语》说"克制自己，恢复到礼所规定的原则上，这就是仁"①，朱子解释说："己，是指本身的私欲；礼，是指天理的规定。"又说："心中所有的德性，没有不是天理的，但是也不能不受人欲损坏。"② 这话是与他所说的"人出生后，这个理就堕落在形体气质中"③ 一句互相补充和发挥的。老、庄、佛教主张无欲，但不是无私；圣贤的道理是无私，而不是无欲，说到"私欲"，圣贤本来就没有。但是像颜子这样的贤人，不能说他不能克服私欲，难道说颜子也是"受私欲损坏"④ 的吗？况且《论语》下文又说"做到仁要靠自己"⑤，〔朱子〕怎么知道"克己"的"己"不与下文中这个"己"字相同？〔在《论语》中，〕除这一章以外，也绝没有见到〔像朱子那样〕把"私欲"叫作"己"的。

朱子又说："为仁要靠自己，而不是其他人所能够参与的。"⑥ 对于"向他讲学，他从来不表示松懈"的人⑦，哪里还需要再加上这种多余的话来鼓励？朱子的解释肯定是错误的。然而〔《论语·颜渊》中关于"克己复礼"〕这一章究

---

① 原文"克己复礼为仁"，见《论语·颜渊》。
② 朱熹的话见《论语集注·颜渊》"颜渊问仁"章注。
③ 原文见《朱子语类》卷九十五。
④ 《论语·颜渊》"颜渊问仁"章，朱熹注中有"盖心之全德，莫非天理，而亦不能不坏于人欲"句。
⑤ 原文见《论语·颜渊》"颜渊问仁"章："为仁由己。"
⑥ 原文见《论语集注·颜渊》"颜渊问仁"章朱注："为仁由己，而非他人所能预。"
⑦ 《论语·子罕》："子曰：语之而不惰者，其回也与。"

竟怎样解释,你可以讲给我们听吗?

答:"克制自己,恢复到有礼,就是仁",这是把"己"与"整个天下"联系起来说的。"礼"这个概念,指最恰当而不可改变的原则,所以孟子说,"行动和仪态符合礼节,是最崇高的道德"①。凡是个人意见稍有偏差,本身德性还不纯美,都是自己与整个天下互相隔绝的开始。如果能够克制自己,使最恰当而不可改变的原则得到恢复,那么自己就不会与整个天下隔绝,所以〔孔子〕说,"一旦做到克己复礼,天下人都要归附你的仁德"②。

然而判断一个人具有仁的道德,不是取决于天下人的。判断一个人具有仁德,实际上取决于自己本身,所以〔孔子继续〕说"做到仁要依靠自己,难道要依靠别人吗"③。如果不是圣人,就不容易做到发表意见没有偏差,道德纯粹;如果达到了意见没有偏差,道德纯粹,那么一切行动都符合礼节了。就一个人的身体来说,要看,要听,要说话,要动作,不要使这四方面的表现失去礼节,那么与〔孟子所说的〕"动容周旋中礼"来比较,只是有"安而行之"与"勉强而行之"的不

---

① 原文为"动容周旋中礼,盛德之至也",见《孟子·尽心下》。
② 原文为"一日克己复礼,天下归仁焉",见《论语·颜渊》。
③ 原文为"为仁由己,而由人乎哉",见《论语·颜渊》。

同罢了①。圣人的言论都是要使人们对事物取得最恰当的理解，然后见之于行动。为了求得最恰当的理解，就要在知觉认识上下功夫。凡是去私而不要求去蔽，重行而不重视知的主张，都不是圣人的学问。

孟子说："用折中的方法而不进行权衡和分辨，也只是同抓住片面一样。"② 权用来分别轻重，指的是心中光明透彻，可以准确观察分辨事物，所以叫作权。学习到了这个地步，就能一以贯之了，个人意见的偏差也排除了。

【问答三提要】

反复论证有欲有为而归于至当即是理；君子无私，不贵无欲；圣人之道为体民之情，遂民之欲。再论宋儒"存天理灭人欲"之说使天下人转为欺伪，为祸甚大，再一次指出其根源为杂入老、释之言。在结论中重申与宋儒辩论的原因，是其言深入人心，为害也大。

【原　文】

问：孟子辟杨墨，韩退之辟老释，今子于宋以来儒

---

① "安而行之""勉强而行之"见《中庸》第二十章。这里戴震认为视、听、言、动方面不失礼是"勉强而行之"，而"动容周旋中礼"是"安而行之"。

② 原文见《孟子·尽心上》。

书之言，多辞而辟之，何也？

曰：言之深入人心者，其祸于人也大而莫之能觉也；苟莫之能觉也，吾不知民受其祸之所终极。

彼杨墨者，当孟子之时，以为圣人贤人者也；老释者，世以为圣人所不及者也；论其人，彼各行所知，卓乎同于躬行君子，是以天下尊而信之。而孟子韩子不能已于与辨，为其言入人心深，祸于人大也，岂寻常一名一物之讹舛比哉！孟子答公孙丑问"知言"曰："诐辞知其所蔽，淫辞知其所陷，邪辞知其所离，遁辞知其所穷。生于其心，害于其政；发于其政，害于其事。圣人复起，必从吾言矣。"

答公都子问"外人皆称夫子好辩"曰："邪说者不得作。作于其心，害于其事；作于其事，害于其政。圣人复起，不易吾言矣。"

孟子两言"圣人复起"，诚见夫诐辞邪说之深入人心，必害于事，害于政，天下被其祸而莫之能觉也。使不然，则杨、墨、告子其人，彼各行所知，固卓乎同于躬行君子，天下尊而信之，孟子胡以恶之哉？杨朱哭衢途，彼且悲求诸外者岐而又岐；墨翟之叹染丝，彼且悲人之受染，失其本性。

老释之学，则皆贵于"抱一"，贵于"无欲"；宋以来儒者，盖以理（之说）〔说之〕。其辨乎理欲，犹之执中无权；举凡饥寒愁怨、饮食男女、常情隐曲之感，则名之曰"人欲"，故终其身见欲之难制；其所谓"存理"，空有理之名，究不过绝情欲之感耳。何以能绝？曰"主一无适"，此即老氏之"抱一""无欲"，故周子以一为学圣之要，且明之曰，"一者，无欲也"。

天下必无舍生养之道而得存者，凡事为皆有于欲，无欲则无为矣；有欲而后有为，有为而归于至当不可易之谓理；无欲无为又焉有理！老、庄、释氏主于无欲无为，故不言理；圣人务在有欲有为之咸得理。是故君子亦无私而已矣，不贵无欲。君子使欲出于正，不出于邪，不必无饥寒愁怨、饮食男女、常情隐曲之感；于是谗说诬辞，反得刻议君子而罪之，此理欲之辨使君子无完行者，为祸如是也。

以无欲然后君子，而小人之为小人也，依然行其贪邪；独执此以为君子者，谓"不出于理则出于欲，不出于欲则出于理"，其言理也，"如有物焉，得于天而具于心"，于是未有不以意见为理之君子；且自信不出于欲，则曰"心无愧怍"。夫古人所谓不愧不怍者，岂此之谓乎！不寤意见多偏之不可以理名，而持之必坚；意见所非，则谓其人自绝于理；此理欲之辨，适成忍而残杀之具，为祸又如是也。

夫尧舜之忧四海困穷，文王之视民如伤，何一非为民谋其人欲之事！惟顺而导之，使归于善。今既截然分理欲为二，治己以不出于欲为理，治人亦必以不出于欲为理，举凡民之饥寒愁怨、饮食男女、常情隐曲之感，咸视为人欲之甚轻者矣。轻其所轻，乃[1]"吾重天理也，公义也"，言虽美，而用之治人，则祸其人。至于下以欺伪应乎上，则曰"人之不善"，胡弗思圣人体民之情，遂民之欲，不待告以天理公义，而人易免于罪戾者之有道也！

孟子于"民之放辟邪侈无不为以陷于罪"，犹曰，"是罔民也"；又曰，"救死而恐不赡，奚暇治礼义！"古之言理也，就人之情欲求之，使之无疵之为理；今之言理也，离人之情欲求之，使之忍而不顾之为理。此理欲之辨，适以穷天下之人尽转移为欺伪之人，为祸何可胜言也哉！其所谓欲，乃帝王之所尽心于民；其所谓理，非古圣贤之所谓理；盖杂乎老释之言以为言，是以弊必至此也。

然宋以来儒者皆力破老释，不自知杂袭其言而一一傅合于《经》，遂曰《六经》、孔、孟之言；其惑人也易而破之也难，数百年于兹矣。人心所知，皆彼之言，不复知其异于《六经》、孔、孟之言矣；世又以躬行实践之儒，信焉不疑。夫杨、墨、老、释，皆躬行实践，劝善惩恶，救人心，赞治化，天下尊而信之，帝王因尊而信之者也。孟子韩子辟之于前，闻孟子韩子之说，人始知其与圣人异而究不知其所以异。至宋以来儒书之言，人咸曰："是与圣人同也；辩之，是欲立异也。"此如婴儿中路失其父母，他人子之而为其父母，既长，不复能知他人之非其父母，虽告以亲父母而决为非也，而怒其告者，故曰"破之也难"。

呜呼，使非害于事、害于政以祸人，方将敬其为人，而又何恶也！恶之者，为人心惧也。

【注释】

[1] 中华书局本原按："乃"下疑脱"曰"字。

【译文】

问三：孟子排斥杨、墨的论点，韩退之排斥老、释的论点，而现在你对于宋朝以来儒者书中的说法，在许多地方都发表言论加以排斥，原因是什么呢？

答：如果言论深入人心，它引起的灾祸一定很大，而人们又不能察觉到。在不能察觉的情况下，我不知道老百姓受它的灾难要到什么程度为止。

杨朱、墨翟那些人，在孟子的时代，被认为是圣人、贤人一样的人；老子和佛教徒等，在世上被认为是圣人也比不上的人；如果对这些人进行评价，他们按照自己的认识来行动，像儒家身体力行的君子一样崇高，所以天下人尊崇和信仰他们。

然而孟子、韩子不断与他们进行辩论,这是由于他们的言论深入人心,对人们产生的灾祸很大,哪里是平常一个名词、一件事物的差错可以相提并论的?孟子回答公孙丑问的"怎样知道别人的言论"时说:"对于有偏见的话,知道他所受的蒙蔽;对于滔滔不绝的话,知道他的陷溺所在;对于邪恶的话,知道他在什么地方偏离正道;对于闪烁规避的话,知道他的漏洞。这些思想从心中产生,便有害于政事;从政事上表现出来,就有害于各种事情。圣人再出,也一定会同意我的说法。"①

孟子在回答公都子问的"外界的人都说你喜欢辩论"时说:"是为了使邪恶的言论不能兴起。心中兴起邪说,就对事情有害;邪说表现在事情中,就对政事有害。圣人再出,我也不会改变我的说法。"② 孟子两次说到"圣人再出",这是由于他真的知道有偏向的言论与邪恶的学说深入人心,一定会危害事情、危害政务,而天下人受到它的祸害还不能察觉。不然的话,杨子、墨子和告子他们本人按自己的认识来行事,实际上与躬行实践的君子同样高尚,受到天下人的尊重和信任,孟子又何必排斥他们呢?杨朱在道路上痛哭,他因向外求索的道路格外岐岖而悲伤;墨翟感叹染色的丝,他因人也会受到外界沾

---

① 原文见《孟子·公孙丑上》。
② 原文见《孟子·滕文公下》。

染而失去本性而悲哀。①

老子和佛教的学术都注重"抱一"②，重视"无欲"，宋以来的儒者则用理来说明这些。他们对理和欲的辨别也是抓住一点不及其余，因而不能衡量是非轻重。凡是饥寒愁怨、饮食男女，以及日常细微感想等，他们都叫作"人欲"，所以他们一生见到的都是欲望难以克制，至于他们所说的"保存天理"只是空洞的名义，实际上不过是要人们断绝感情欲望。怎样来断绝？他们说要"主一无适"③，就是老子的"抱一""无欲"，所以周子认为"一"是学习圣人的要道，而且明确地说"一就是无欲"④。

整个天下没有能离开生存与保养的道理而维持生命的

---

① 《淮南子·说林训》："扬子见逵路而哭之，为其可以南可以北。墨子见染丝而悲之，为其可以黄可以黑"。逵，音魁，指分歧的道路，杨朱哭衢途的事又见《荀子·王霸》及《列子·说符》。墨翟叹染丝的事又见《墨子·所染》，及《吕氏春秋·情欲》。

② 《老子》第二十二章："圣人抱一以为天下式。"周敦颐《通书·圣学第二十》："一者，无欲也。"

③ "主一无适"是宋代理学家修养的概念。适，音敌。《论语·里仁》："无适也，无莫也，义之与比"。皇侃《义疏》转引范宁说："适莫，犹厚薄也，比亲也。君子于人，无有偏颇厚薄，唯仁义是亲也。"《二程遗书》卷十五："所谓敬者，主一之谓敬；所谓一者，无适之谓一。"《朱子语类》卷九十六《程子之书二》："主一无适只是莫走作。且如读书时只读书，着衣时只着衣。理会一事时只理会一事，了此一件，又作一件，此主一无适之义。"

④ 原文是"一者，无欲也"，见《通书·圣学第二十》。

人，一切事情和行为都含有欲望，没有欲望就没有行动了；有了欲望而后有行为，行为正确适当而不可以改变的就叫作理；如果没有欲望、没有行为，又哪里有理？老、庄、佛教主张无欲、无为，所以不说理，圣人致力于将所有的欲望、所有的作为都符合理。因此，君子只是没有私念而已，而不推崇无欲。君子使自己的欲望出于正当，而不出于邪恶，不排除饥寒愁怨和饮食男女、细微感情。在这样的情况下，一些毁谤诬蔑的话反而得以刻薄议论君子并怪罪他们，这就是宋儒理欲之辨使得君子都没有完美行为的情况，这祸害是多么大啊！

〔宋儒认为〕无欲才算是君子，而小人之所以成为小人，就是依照他们的本来欲望做出贪婪邪恶的事。那些主张"无欲"才算是君子的人，他们说"不是根据理就是根据欲，不是根据欲便是根据理"，他们形容理"好像一个东西，从天上得来而存在人的心中"，因此没有一个君子不把个人意见当作理的，况且他们自信所作所为不是根据欲，所以说"心中没有惭愧羞怍"①。古人所说的不愧不怍，哪里像他们所说的那样呢！他们不明白个人意见中有许多偏差，这些意见不能称为理，然而他们一定要坚持己见，对于不符合他们意见的，就说这种人背离了理。在这种情况下，他们关于天理和人

---

① 《河南程氏外书》卷三："人能克己，则心广体胖，仰不愧，俯不怍，其乐可知。"在朱熹的《孟子集注·尽心上》"君子有三乐"章，以及朱熹编《近思录》卷五，都曾引用程子这一句，戴震把这句概括为"心无愧怍"。

欲的区分辨别，恰成为残忍杀人的手段，这种理论产生的灾难就是这么大。

尧舜对于四海之内老百姓的困穷表示忧虑①，文王对于老百姓好像对受伤者一样爱护②，这些哪一件不是为百姓谋取人欲的事！只不过在进行中按照情况加以引导，使他们趋向善良罢了。现在宋儒既然把理和欲划分为二，修养自身时认为不出于人欲就是理，治理老百姓时也必然认为不出于人欲就是理。凡是人民的饥寒愁怨、饮食男女和日常生活中隐微琐细的感情都被认为是人欲中最轻微的事。轻视他们所轻视的，却说"我重视天理，这是公共的正义"，这句话虽然说得动听，但是用来治理老百姓，就要对人们产生祸害。至于被统治的老百姓用欺谩虚假来应付统治者时，他们就说"这是人心的不善良"，他们为何不想一下〔古代〕圣人体会老百姓感情，满足老百姓欲望，不需要讲什么天理公义，而人们很容易避免过失和错误，这才算是有道理呢？

孟子对"老百姓中那些放纵、邪恶、奢侈、无所不为而被治罪的人"，尚且说"这是害了老百姓"③；又说"维持生存

---

① 《论语·尧曰》："尧曰：四海困穷，天禄永终。"朱熹注："四海之人困穷，则禄亦永绝矣。"
② 《孟子·离娄下》："文王视民如伤。"
③ 《孟子·滕文公上》："民之为道也，有恒产者有恒心，无恒产者无恒心。苟无恒心，放僻邪侈，无不为己。及陷乎罪，然后而刑之，是罔民也。"《孟子·梁惠王上》也有这一段。

都来不及，还有什么时间来讲礼义"①。古时候讲到理，按照人们的感情欲望来寻求，使得事情没有缺点和不足叫作理；现今的人讲到理，离开人们的感情欲望来寻求，处事残忍不加顾惜叫作理。这就是宋儒的理欲之辨，恰恰使得天下人无路可走，都转变成欺骗虚伪的人，这种理论产生的祸害是说也说不完的！宋儒所谓的欲，正是〔古代〕帝王用尽心意使老百姓满足的方面；他们所谓的理，不是古代圣贤所说的理，而是掺杂老子和佛教的说法而形成的言论，所以它的弊病如此严重。

但是宋以来儒者都极力抨击道家和佛教，他们不自觉地掺杂和吸取了佛、道的言论来一一附会五经，就说这是《六经》、孔、孟的言论。他们的做法很容易使人迷惑，而要破除这种迷惑也很困难，这种情况已经好几百年了②。人们心中所了解的都是宋儒的言论，再也不知道这些说法与《六经》、孔、孟的说法是不同的，世上的人又因为他们是身体力行的儒者而对他们深信不疑。关于杨朱、墨翟、老子、佛教徒那些人，他们也都是身体力行、劝人为善、反对邪恶、挽救人心、赞扬治理教化的人，天下的人都尊重信任他们，帝王也因而尊重信任他们。孟子和韩子首先驳斥他们，人们听到孟子、韩子的说法，才知道他们与儒家圣人的言论不同，但还是不知道在什么地方不同。至于宋以来儒者书中的言论，人们都说："这

---

① 原文见《孟子·梁惠王上》："救死而恐不赡，奚暇治礼义哉。"
② 从南宋朱熹到清代戴震时，已有六百余年。

是与圣人一致的，如果对他们进行辩论就是标新立异。"这就好像小孩子在道途中失去父母，别人抚养他而成为他的父母，长大以后不再知道别人不是他的父母。虽然有人告诉他他的亲生父母是谁，他也坚决认为那不是，并且向告诉他的人发怒，所以说"要破除人心中的迷惑是很困难的"。

啊！如果〔杨、墨、老、释的学说〕不是对社会事务，对政治教化有妨害，我正要尊敬这些人，而又有什么厌恶他们的呢？之所以厌恶他们，是由于我对人心的迷惑堕落感到恐惧。